野口英世の母

シカ

田中章義

白水社

野口英世の母シカ

装幀＝唐仁原教久
デザイン＝白村玲子（ＨＢスタジオ）

目次

プロローグ　5
大阪での母と子　5
第一章　英世の幼少時代　25
わが子の大やけど　25
働きに働く　35
三ツ和小学校入学　48
小林栄との出会い　71
手術　83
高等小学校卒業　94
第二章　少女シカ　108
祖母ミツとの二人暮らし　108
奉公　123

祖母の死　131
戊辰戦争　137
身勝手な夫　145
第三章　医学への道　153
会陽医院の書生　153
志を得ざれば、再び、此地を踏まず　157
清作から英世へ　164
英世の渡米　170
産婆　182
シカの手紙　186
帰国　196
エピローグ　214
シカの最期　214
参考文献　220

プロローグ

大阪での母と子

四季折々に磐梯山のさまざまな表情を映し出すことから「天鏡湖」という名前をもつ猪苗代湖。琵琶湖、霞ヶ浦、サロマ湖に続く日本で四番目に大きな淡水湖として著名なこの湖は一〇三・三二平方キロメートルの面積と九三・五メートルに及ぶ深さをもち、透明度十二から十五のとても澄んだ湖として昔から人々に愛されている。

ウグイやフナなどが生息し、ミズスギゴケ群落や白鳥の飛来地としても名高い。

一九一五（大正四）年十月十日、野口シカは、大阪箕面の料亭「琴之家」で、息子野口英世やこれまで一家を支え続けてくれた小林栄夫妻、さらにはわが子が東京に出る際お世話になった血脇守之助に囲まれて、今まで一度も食べたことのないような料理を目の前にしていた。

鰹の刺身や松茸の土瓶蒸し、つぐみの焼き鳥等……六十年以上、齢《よわい》を重ねてきても、いまだ食べかたすらわからないものばかりだった。

聞けば、この宴を主催してくれたのは、大阪高等医学専門学校学長の佐多愛彦《なるひこ》博士だという。学長先生自らが息子の功績を讃《たた》え、昼間の講演の労をねぎらってくださるなんて……。

シカは夢のような時間を過ごしていた。

あまりに場違いなため、同席は辞退したものの、息子が「何も怯《ひる》むことはないから。おかあさんはおかあさんのままでいてくれていいから」と勧めてくれたのだった。

厳冬期には湖水が西からの強風に煽られて、岸辺の樹木に氷着する「しぶき氷」という全国的にも稀有な現象が現れる猪苗代湖。湖面や渚では、流氷や氷の隆起なども見られる。

そんな猪苗代湖にこの六十数年、何度わが身を浸してきたことだろうか、とシカは雀茶色《すずめちゃいろ》の松茸を眺めながら考えていた。

幼少期から実の両親と離れ離れに暮らし、祖母と二人で寂しさに耐えながら身を寄せあって過ごした日々。少しでも祖母の助けになりたくて働きに出たのは、シカが数え年七つの時だった。

以後、昼夜を問わず、働いた。

観音さまが見護《みまも》ってくださるから、といくたびも奥歯を噛みしめながら、おのれの人生にやってくるさまざまな苦労に堪え抜いてきた。

地元の人々に、湖に化け物が出ると噂されながらも、真夜中や夜更けに猪苗代湖や近くの川で川エビや雑魚《ざこ》を獲り続けたこともあった。

そんな歩みの果てに、まさかこんな幸福な時間が訪れるなんて、シカは想像すらしたことがなかった。

夢のような出来事ながら、これは決して夢ではないのだ。

シカは何十年も耐え忍んだあとに咲く花が人生にはあるのだということを生まれて初めて知った。

「おかあさん、これは鰹の刺身です。おいしいですか」

そう語りかける息子の声に、シカはふとわれに立ち返った。

問いかけながら、息子は嬉しそうな顔で、土津神社の紅葉にも似た色の刺身を口にしている。

会津藩祖の保科正之と歴代藩主を祀った土津神社は、野口家も地域の人々も大事にしている神社だ。

一六七二（寛文十二）年に創建されたものの、戊辰の役で戦火に遭い、ここに同席している恩師・小林栄や地域の人々らの尽力によって、一八八〇（明治十三）年に再建された。その神社の紅葉の色にも思えるような魚《うお》の身をいただけるなんて、どれほどありがたいことだろう。

「土の薫りのする田舎では、こうした刺身の味も知らぬまま、外国に行くことになりました。

今、十六年ぶりに戻ってきて、やっとこうした料理を食べることができています。たまげている田舎の母のことを、どうぞ驚かないでやってください。おかあさん、こちらは松茸の土瓶蒸しで、ふたがお椀の代わりになるんですよ。ほら、こんなふうに……」

そう言って、英世は土瓶蒸しの汁も母に注いでいる。さらに母につぐみの焼き鳥の小骨を噛むことも教えた。

シカは言われるままに実際に齧《かじ》ってみた。

がりがりと齧った途端に、ほくほくとした香ばしい味が口内いっぱいに広がってくる。その後、えも言われぬ旨みが、ぐいぐいじわじわと沁み出してきたのだった。

シカは思わず、心の中で観音さまに手を合わせた。

天国で見護りつづけてくださっているであろうご先祖さまにも感謝をした。

こんなふうに息子たちと夢のような時間を過ごすことができておりますのも、ひとえに観音さまやご先祖さまのおかげでございます。ありがとうございます、ありがとうございます――どのようなお礼を申し上げたなら、今のこの母の気持ちにかないますでしょうか……。

顔を上げると、そんなシカを小林夫妻や血脇先生たちまでも温かいまなざしで見つめてくれている。

いく種類もの味や繊細な関西料理の色彩に驚きながら、シカはめまぐるしく過ぎたここ数日の出来事をあらためて思い返していた。

息子に呼び出されて、小林の妻哲子と上京したのは十月二日のことだった。小林のもとに、帰国中の息子からの電報が届いたのだ。

二か月の帰国期間中は、講演会やら招宴やらであっという間に埋まってしまっている。ほんとうは親に孝養を尽くしたいけれど、こんな日程を過ごしていてはままならない。磐梯山のふもとから一度も出たことのない母に、息子は実り穣《ゆた》かなこの国の秋の麗しさを堪能してほしいと願ったのだった。

母の髪が、墨色から胡粉色に変わっていることを、息子はおのれ自身を責める想いで見つめていた。

全国各地の日本を代表する名所旧跡を母に見せたい――そう思った英世が、母はもちろん、これまで親代わりのようにお世話になった人たちに、講演の旅行に同行することを希《ねが》ったのだった。

その際、息子が小林夫妻のほかに、大酒呑みの夫・佐代助にもちゃんと声をかけてくれたのが、母であるシカには嬉しかった。

夫が息子にどれほどの苦労をかけたのかは、妻である自分がもっともよくわかっている。それでも、どんな父親でも、世界に二人とはいないのだ。ところが今回は、これまでの日々を省みて、父親のほうが息子の申し出に遠慮をした。自分は家で呑んでいるほうが気が楽だから、シカたちだけで出かけてこい、と。

英世のみならず、両親にとっての恩師でもある小林も、これまでの佐代助の素行を鑑みて、本人がそう言うからには無理に同行を勧めるということはしなかった。

東京帝国大学での講演や内閣総理大臣との会見をはじめ、この数日も息子は多忙を極めていた。各地で開かれる盛大な講演会のほか、驚くようなさまざまな名士たちからの歓迎の宴の数々。シカたちが同行しただけでも、祝宴だけでいったいいくつ催していただいたことだろう。

江戸も知らなければ、ほかの土地もまったく知らない自分が、息子の足手まといになってしまっては申し訳ない、という思いを抱えつつ、小林夫妻にも促されて、シカはこの息子の申し出を受け入れることにしたのだった。

自分はほんとうに幸せ者だ。息子との再会も果たせ、こうして思いもよらないような全国各地を巡る旅にまで同行できている。

旧くから観瀑賞楓の名勝地として知られている箕面。「みのお」は元来「水尾」で、「水が豊かに流れゆく尾根」という意味だということを、地元の人の説明で知った。この水の豊かな地の料理旅館から見える紅葉をシカは眩しく眺めているのだった。

大隈重信首相とも会うようなスケジュールの合間をぬって、息子は自動車をともにして、さまざまな場所に案内してくれた。

浅草や日比谷公園。赤穂義士の御墓が在る泉岳寺。三越呉服店……。どこもかしこも、シカには生まれて初めて見るところばかりだった。

風雪と苦労によって刻まれた皺や、歳月とともに増えていった白髪姿の、田舎暮らしの母をためらうことなく、息子は公衆の面前で労《いたわ》ってくれている。人眼があろうがなかろうが、息子の応対は変わらなかった。

帝国ホテルに宿泊していた息子に、ベッドでは眠りづらいなあと申し出た願いも聞き入れ、内幸町の旭館に宿泊する手配もしてくれた。

どこに行っても、歓待を受けていた。

各地での熱狂的な歓迎ぶりに忙殺されながらも、それでも、息子は母の世話をやめなかったのだ。

「三越呉服店に入ってみましょうか。郷里の子どもたちのお土産ものでもいかがでしょう」

新聞記者もたくさんいる中での振る舞いだった。シカには、息子と過ごす一瞬一瞬がまばゆい玉の露にも思えていた。

病気で苦しむ世界じゅうの人たちのために、探究を重ね、日夜努力を続けている息子。そんな息子のために、シカは中田観音のお参りを毎月毎月重ねている。

七月九日の中田観音の縁日には必ず御堂に籠っての祈願もし、いただいたお札は毎年、アメリカ合衆国の息子のもとに送付をしていた。今年でもう十数回になるだろう。

目を閉じれば、無我夢中で過ごした日々が一気に駆け巡ってくる。決して短かった、とは言えないような苦労の幹に、枝に、葉も実も繁るような日々だった。

それでも、このような時間を迎えられようとは、こんなにありがたいことはないと、シカは両手を見つめていた。

振り返れば、こんなふうにおのれの来しかたを反芻するようなことがこれまであっただろうか。ひたすら前を見て、その瞬間瞬間を生きることだけで精いっぱいだった日々。過酷な中でも、生命さえあれば、そこには希望と奇蹟が生じうるものなのだと思うのだった。


数日間に及んだ東京での滞在を終えると、一行は十月七日には西へ向かって出発した。まずは名古屋駅に降り立ち、熱田神宮に参拝した。途中、名古屋城の金の鯱《しゃちほこ》を見てから桑名に寄り、翌日には伊勢神宮にも向かった。古来、人々が、時代を越えて崇敬してきたところだ。

どれほどの人たちが、一生に一目だけでもという思いで、この地へ来ることを希《ねが》ったことだろう。食うや食わずの貧しい日々を過ごしてきた自分が、まさかそんな大それた夢をかなえられることになるとは思ってもみなかった。

けれども、そのまさかが今、具現化している。中田の観音さまはどれほどの大盤振る舞いをわれわれ、この親子にしてくださっていらっしゃるのだろう。お礼を申し述べても、決して足りることはなかった。

伊勢神宮の敷地内に足を踏み入れてみると、見上げるほどに樹齢を重ねた巨《おお》きな木々が一行を迎え入れてくれた。

外宮、そして内宮。食を司る豊受大神さまをお祀りした外宮を詣でながら、シカは、先日ようやく米の稔る田を再度持つことのできた幸せを噛みしめていた。

借金のかたに手放さざるを得なかった田んぼが戻り、どれほどにありがたいことだったか。百姓にとって田んぼはいのちであり、未来でもあるのだ。人目をはばからず、臆することなく、シカは両膝をついて豊受大神さまに心からお礼の気持ちを伝えていた。

やがて一行は、日本全体を護るといわれる天照大神さまのお社《やしろ》である内宮にも訪問した。大きな鳥居のところで深々と頭を下げ、橋を渡りながら、次の鳥居のところでシカは今一度、立ち止まって背筋を伸ばした。

荘厳な敷地に立つと、啼き響《とよ》む鳥たちの歌声が聴こえてくる。思わず、シカは深呼吸をした。

陽射しを浴びて、暑からず冷たからずの風がとても心地いい。黄櫨《こうろ》染《ぜん》色、弁柄《べんがら》色、深緋《こきひ》色、藤《とう》黄《おう》色など……いく種類にも色づいた木々の薫りも豊かな、秀麗な一日だった。

シカは、参道の散策を愉しませてくれるどんぐりのひとつひとつにも感謝をしたい思いだった。凛とした雰囲気や品格もありながら、どことなくあたたかさ、包み込むような優しさ、ぬくもりが感じられるこの場所を、シカはとても好きになった。シカは大地に額ずき、両手をしっかりとついて、神さまに感謝をした。

畏れ多くも自己紹介をし、今日という日を迎えられたことに対するお礼の気持ちをシカは伝えたのだ。日本を代表する大きな神さまの御前で、母は子の多幸と無事を祈り、子は母の多幸と無事を祈った。

世界じゅうにたくさんの人たちが暮らしている中で、親子という縁《えにし》はいったいどれほどのものなのだろう。双方を思う心が、シカ母子にとっては何よりもの生きる励みであり、明日へと前進していくエネルギーそのものになっていた。

伊勢の神々に参拝をすませた日の夜、宿に戻ると、天からの手紙のような一通の電報が英世のもとに届いた。電報を受けとった英世は驚嘆した。そして、真っ先に母親のもとへと駆け寄った。一昨日の十月八日のことだ。

「おかあさん、喜んでください。気をたしかにして聞いてください。このたび、私は旭日小綬章の勲章をいただくことになりました」

幼かりし日、級長になったことを報告したときのように、息子は母にこの事実を伝えた。誇らしい気持ちが素直に表れていたのは、報告した相手が母だったからかもしれない。世界的にも活躍が認められ、これまでにも海外で勲章を授与されることはあったものの、祖国・日本で勲章をいただけたことが英世にはとても嬉しかった。嬉しいというよりは、ありがたい気持ちになったのだ。

本音をいえば、勲章がほしかったわけではない。ただ、こうしていただく勲章がそのまま、苦労を重ねた母への金メダルになるような気がしていたのだ。ほんとうは自分よりも勲章をもらうべき人――それがだれなのかを、英世はしっかりと理解していた。母とともに過ごしているときに、この報《しら》せをいただけた幸運に息子は感謝した。

その夜、親子は並んで伊勢の天空に浮かぶ月や星々を仰ぎ見ていた。

言葉にすることはなくても、海外にいる間も、息子は母への思いを絶やしたことはない。不自由な左手を引き裂きたいほどに苦しかったときにも、道なき道を構築すべく、異国の地で死に物狂いで挑み続けることができたのも、睡眠時間を減らしに減らして働いてくれた母がいたからだった。

この母に楽をさせたい、という思いが、息子に努力と精進を重ねさせ、ついには世界的な学者へと昇華させていったのだ。

息子には、円い月が母への金メダルに見えていた。息子は母に、あの天空の金メダルをかけてあげたかった。

息子からの報《しら》せを聞いて、母はすぐに皇居のある東の方角に向かって手を合わせた。

「おかげさまでございます、おかげさまでございます」

と何度も何度も唱えながら。この日見た金糸雀《カナリア》色の月を、母は生涯、忘れることがないだろう。


翌朝は皆で揃って、二見浦に向かい、昇りゆく朝日を拝んだ。

紅緋色の朝焼けが天空を彩ってゆく時間。幾重にも連なる淡い色がやがて濃淡を躍動させながら、天地《あめつち》を厳かに飾りゆくことに驚愕しながら、一行は天を仰いでいた。

医学やテクノロジーがどんなに進んだとしても、人間は空の色ひとつ、生み出すことができない。細菌学の権威となればなるほど、息子は人の叡智を超えたものの巨きさと穣《ゆた》かさも知り得ていた。

母のおかげで今の自分がある――この母あっての自分だ。これから先、どんなことがあっても母を大事にしていこう。次はぜひ妻のメリー・ロレッタ・ダージスも日本に連れて、母のもとを訪ねよう。そして、みんなで再び伊勢の天空の月や星々を仰ぐことができたならどんなにいいだろう――英世がそう思っていた時、鶺鴒《せきれい》が二羽、まるで睦みあうかのように天に舞い上がっていくのだった。

その後、一行は鳥羽の日和山にも行き、海に浮かぶ島々も眺めた。年老いた母の潮風に吹かれる顔が、ふいに寂しそうに見えたのだろうか、小林がシカにこんな言葉を語った。

「どんなに距離を隔ててもこの海はつながっている。この空もつながっている――息子さんの活躍を、世界じゅうの病苦で苦しむ人々が待っている。彼にしかできない道、彼だからこそ切り拓いていくことのできる道があるのだから、私たちは旅立っていく彼の背中を応援しよう。生きてさえいれば、必ず同じお日さまを仰ぐことができる。みんなが同じ星に生かされている」

シカは幸せだなあと思った。孝行な息子もさることながら、息子を親身になって思ってくれる人たちがいる。そのことのほうが嬉しく、ありがたかった。

今日この宴席で同席してくださっている学長先生たちがどれほど偉くて、いかなる学問の成果を世の中に示しているのかをシカは知らない。けれども、同席してくれている先生たちが自分を見つめるまなざしに、そのあたたかさに、思わず涙がこみ上げてきそうになるのだった。

年老いた眼に映るすべてがありがたかった。

伊勢、鳥羽の後、一行は京都や奈良にも行った。これまで話に聞くことしかできなかった名高い古寺をいったいいくつ、巡らせてもらえたことだろう。

猪苗代湖にも伝説が残っている、あの弘法大師が開いたという高野山にも登ることができた。四国に生まれ育った弘法大師が、シカたちの生まれ故郷である磐梯山の麓にまで来るためには、いったいどれほどの労力と歳月を要したことだろうか。そのお大師さまが現在も坐されているといわれる奥の院まではるばると訪問することができたのだった。

東大寺の大仏さまから奈良の伽藍堂、手向山の八幡さま、三笠山から斑鳩《いかるが》の里まで、息子は日本を代表する有数の観光地を、次から次へと年老いた母に案内してくれていた。

シカは思わず、同行する小林にこんな言葉をもらした。

「ありがたいことです。とてもありがたいことです。六十余年、貧乏につぐ貧乏の中で生活をし、難儀なことにはすっかり慣れていたはずのわが身にこのような幸せな時間が訪れるなんて、もったいないとしか言いようがありません。今このときに死んだとしても何の心残りがあるでしょうか。嬉しく、ありがたいことです。達者でこのような日を迎えられたことが、奇蹟そのものです。わが息子の成功を皆さまが一緒になって歓んでくださることが、老母には何にも増してありがたいのです」

紅葉の名所として知られている箕面で開催されている歓迎の宴席で、シカはあらためて今日までの旅の行程を思い返した。

明治時代の中ごろに、北浜銀行頭取だった岩下清周らによって関西財界人クラブが建てられた箕面。歴史をさかのぼれば、役《えん》の行者が箕面山の大滝にやってきた、という伝説もあるという。

そんなすばらしい土地で、宴席にいるのだ。

実は今日は、一行で大阪城を見物した後、途中の茶屋で休憩をして、茶の湯の作法のわからないシカは、ひと足先に「琴之家」に入っていた。出迎えた女中が、この女性がまさか主賓の母であるとは思わず、玄関の脇の部屋に通してしまった。やがて、たいへんな無礼をしていることに気づいた女将は平身低頭して、謝罪をした。けれども、シカは一向に気にしていなかった。

たしかにそうだろう、と思う。むしろ、こんなことで咎められてしまっては、と女中に同情するくらいだった。シカは幼少の頃から奉公を重ねてきただけに、使われる人たちの気持ちをよく理解していた。

こうした年老いた母を、主賓である息子が食事の席ではかいがいしく給仕してくれるのだから、周囲には奇異に映っているに違いない。けれども、息子はそんな視線にはまったくかまわなかった。見たこともないような豪勢な食事を一品一品丁寧に解説をし、魚の小骨すら取ろうとしてくれるのだった。

これには、女将が驚いた。これまでさまざまな客と接してきたけれど、こんな御仁は二人として見たことがない。さすがは、名高き世界の野口英世博士だと驚嘆した。

後日、この話を伝え聞いた女将の妹・南川光枝は、自身が所有する土地を売り払って五十万円の資金をつくり、一般からの浄財も集めて、合計二百五十万円にして博士の銅像を建立したのだった。横浜で制作された銅像がこの地に建立されたのは、博士の死後、二十七年を経過した一九五五（昭和三十）年十一月のことだった。

この十月十日の宴席での母子の姿に涙を拭ったのは、女将ばかりではなかった。この宴席には京都祇園の千賀勇、東京赤坂の万竜とともに、日本三名妓と称された富田屋の芸妓・八千代が呼ばれていた。

河内の西六郷村の農家西田安次郎の四女に生まれた八千代は、本名を遠藤美記といった。淀川大洪水で田畑や家屋を失った彼女は、御茶屋加賀屋を営む遠藤家に養女として出された体験をもつ。やがて、加賀屋と親しかった富田屋の主人によって気に入られ、芸妓として座敷に出たのは十三歳のときだった。

八千代の美しさに見惚れた人の名前をあげ出したらきりがない。

この八千代は富田屋の下働きの人たちにも優しく、新たに入った芸妓たちを実の妹のように可愛がる人柄でもあったため、周囲からも人気があった。権力や金にモノを言わせようとする客には毅然としてあらがい、宴席ではいつも末席から挨拶をして、順次あがっていくような人だった。

そんな八千代が、この日、舞いながら、母への孝行を実践する学者の立ち振る舞いに涙がとまらなくなっていた。思わず、八千代はシカにこんな言葉をかけたのだった。

「……私はこんなに美しい場面にこれまで立ちあったことがございません。日本一の親孝行のお子さまをおもちのお母さまが羨ましく存じます。博士はたいへんご高名なかたで、お偉いかただと存じあげておりましたが、本日お目もじ賜って、なるほど、と思い至りました。こんなにもお母さまをお大事になさるお心持ち、いったんこうと決めたら、他のことなど頓着をなさらぬご気性――この両輪あればこそ、ここまで世界的にお偉いかたになられたのだと、心より感服致しました」

涙を拭いながら、八千代はシカにこんな言葉を送った。腎臓を患い、惜しまれつつ三十七歳で亡くなるまでに、八千代は事あるごとにこの母子の様子を語り継いでいたという。

宴席の終わりに、同席していた血脇守之助がうながされて挨拶をした。血脇は英世にとって、東京時代の大恩人だ。一八七〇（明治三）年に生まれた血脇は、東京歯科大学の創立者の一人となる人物として知られている。明治後期から昭和初期にかけて、日本の近代歯科医療制度の確立に尽力し、日本歯科医師会会長も務めた人だ。

後に英世となる清作が、血脇を頼って一八九七（明治三十）年十一月、会津から上京した際、血脇は高山歯科医学院院長とかけあい、四円だった給料を七円にしてもらい、そのうちの二円を清作に渡していた人だ。当時二十七歳だった血脇は、ここまでして英世の夢を支えていたのだ。

そんな血脇が、この日の宴席の最後に、母を思う英世の実践の数々を参加者に披露した。すると、その話をしている血脇の眼にも涙が溢れ、さらには大阪高等医学校学長の佐多博士をはじめ、居合わせた人々も皆、涙を流さずにはいられなくなった。

シカは嬉しかった。

息子は自分一人で育てたわけではない。磐梯山をはじめ、天地《あめつち》が育んでくれた。本人の努力はもちろん、どれだけの恩師や先輩、仲間たちによって、今日まで支えられてきたのだろう。

これからも支えられ続けるだろう。中田観音をはじめ、眼では見ることのできない存在によるご加護がどれほどのものだったのかということも、親子ともども、決して忘れずにいようと思っていた。

眼の前に広がる紅葉は、雨露に打たれ続けてきたからこそ、ここまでの色に耀くことができている。見れば、ただまっすぐに育っている樹は一本としてなく、それぞれに瘤も節もあり、曲がった幹や表情豊かな枝々もある。

だからこそ、この錦秋は麗しく、美しいのだろう。だからこそ、皆で、錦秋に集いあって、さまざまなものを言祝ぎ合うのだろう。

清作、よくやった、よくやった。みんなが言うように、おまえの母であることがほんとうに幸せだ。

おまえたち子どもがいてくれたから、母ちゃんはどんなときにも、つらいことを乗り越えることができたんだ。もしも一人だったら、絶対に越えられない峠がいったいいくつ、人生にあったことか。けれども今は、こうして鍛えてくれた、ひとつひとつの苦しい、つらい出来事にさえもありがとうという言葉を届けたい。

苦しみに耐え続けたからこそ、力強くなった。逞しくなった。「忍耐しつづける」ということも、実は神さまからの贈りものだったんだなあと気がついた。

生きているってことはありがてえなあ。すごいことなんだなあ。

皆の仰ぐ紅葉もすばらしいけれど、踏まれても踏まれても小さな花をつけ続ける野草もすばらしい。そんな草々が会津にはちゃんとあったんだよ。こんな地べたにまで、神さまはちゃんと生命の息吹を与え、いのちを育んでくれているんだなあ。

ありがてえなあ、ありがてえなあ。

空には今日も、丸い円いお月さまが大地を明るく照らしていた。

第一章　英世の幼少時代

わが子の大やけど

「ねんねんころりのこえさぎ（小兎）はどうしてお耳が長いだ／きーのみかやのみ食べたのでそーれでお耳が長いだ／ねんねんこっこやーあ／ねむったらおがさの乳三べえ（乳三杯）ーえ／おぎだらおどっつぁのやりこぶし／ねんねんころりよおころりよ／泣くづとおとざのごんけもち／泣かねとおがやのちちさんべ」――これは会津地方で謡われてきた子守唄だ。

一八七四（明治七）年四月十八日に生まれた野口イヌは、この子守唄を大人になってからも歌うことができた。イヌは、一八五三（嘉永六）年九月十六日に福島県耶麻郡翁島村で生まれたシカと、一八五一（嘉永四）年一月十一日に福島県耶麻郡月輪村で生まれた夫野口佐代助との間に生まれた長女だ。

イヌ、という動物の名が付けられたのは、母のシカ同様、丈夫に育つように、という親の願いが込められているのだった。

イヌの父佐代助は、小平潟村の小檜山惣平の長男として生まれたが、多感な十六歳の時、会津戦争が勃発した。西軍に武器や弾薬を運ぶ軍夫として徴用される中、数多《あまた》の人々が残虐非道に、お互いがお互いを殺し合う様子を見て、心に深い傷を負ってしまった。その当時、恐怖心から逃れるために覚えたのが酒だった。ところが、十代半ばだった佐代助は、酒を呑むというよりは、酒に呑まれてしまうことのほうが多く、このような飲酒が習慣化してしまった。

六歳のときから働き、苦労に苦労を重ねて今日まで来たシカのために、男手があったほうが暮らし向きも楽になるだろうから、という配慮で、奉公先の二瓶家で結婚の話を取りまとめてくれたとき、佐代助は二十二歳、シカは二十歳だった。

シカはすでに隣家の二瓶橘吾のところで、十五歳から五年間奉公をしていた。尽くしに尽くして働いてくれるシカの勤勉さは二瓶家のみならず、町の人々からすっかり評判となっていた。だれもがそんなシカの新たな門出を歓び、彼女のこれからの多幸を願ってくれていた。

しかし、現実は……。

人の良い佐代助ではあったものの、その酒癖のせいでシカはたいへんな苦労を強いられることになった。

年老いて耳が遠くなった祖母、乳飲み子の弟清三の世話、さらには酔いつぶれて帰ってくる夫への対応で、母が連日どんなに苦労を重ねているのかを、五歳になったイヌもわかり始めていた。

他者が十時間働くところを、母は十五時間も二十時間も働いている。父の分も祖母の分も、母がたった一人で働いてくれているのだ。

夜中にふと目がさめると、いつも母はまだ働いていた。このままでは母が倒れてしまうから、何とかして自分も手助けできることがないだろうか、とイヌはいつも思っていた。

たいへんな日々のはずなのに、辛抱強く、粘り強く、母は愚痴も言わずにいた。愚痴を言う余力があるなら、そのぶん働こうと母は思っていたのだろう。どんなにたいへんな状況でも、おまえたちがいてくれるだけで嬉しいよと、母はイヌを抱きしめてくれた。寝息を立てて眠る小さな弟を見守る母は、とても優しかった。

だれに語るともなく、母はイヌに語りかけることがあった。

「おかあさんがイヌの年のころには一人ぼっちでいることも多かった。それはそれはさみしかったんだ。家族がいる今は、もう一人ではないから、さみしくはない。観音さまが授けてくれたこの子どもたちを大事にしたい。どんなに苦しくても、イヌや、おまえたち子どものために母は生きていられるんだよ」

強くて優しくて、あたたかな母が、イヌは大好きだった。

子どもにとって、母の背中は大事な場所だ。包み込み、護ってくれる安心感のみなもとであり、果てしない楽園だ。体温三十六度の天国。この場所で聞くことのできる子守唄は、どれほどの安心感をもたらしてくれることだろう。

けれども、イヌは疲れている母の後ろ姿を見て、自分から「子守唄を歌って」とは次第に言わなくなっていた。むしろ、自分が幼い弟のために歌い聞かせる唄として、この「ねんねんころりのこえさぎ（小兎）はどうしてお耳が長いだ／きーのみかやのみ食べたのでそーれでお耳が長いだ／ねんねんこっこやーあ／ねむったらおがさの乳三べえーえ」という子守唄を覚えたのだった。

三つになったばかりの弟はとろろ飯が大好きで、年がら年中、とろろ飯ばかり食べたがった。酒飲みで、近所からは評判の悪い父も、弟の食べる芋だけはいつも何とかして調達しようと尽力していることをイヌは知っていた。

雷が怖くて、イヌとともに母を待っているとき、いつも泣いてばかりいた弟。三歳のときに、ゆかたをつくってもらってからは、大のお気に入りとなり、毎日着て、いつも背中で赤と青のひもを結んでもらっていた弟。

そんな弟が、もしかしたら命を落としてしまうかもしれないという恐怖を味わった日のことを、イヌは生涯忘れることができなかった。

それは一八七八（明治十一）年の春の日のことだった。

会津の子どもたちは、根雪が解け、梅も桜も一気に花が開く春が大好きだ。黒い土の色が見えてくると、体がむずむずして、近所の道を走り廻りたくなる。

冬の遊びといえば、この地域では底の平らな特製の下駄に竹を打ちつけたものを履いて雪上をすべる「きんぺぃ」や、「雪ぶち（雪合戦）」、雪玉に雪玉を打ちつけて、壊れたほうが負けになる「くいゆェ」などが一般的だ。

イヌもよく遊んだ。春になると、手打ち遊びの「手と手っとん」、お手玉あそびの「へいほーつき」をする女の子たちがいれば、男の子は泥だらけになって角力《すもう》を取ったり、爪あげをしたりする。

「やまびこ」といわれる緑色の山蚕の繭の中に、小豆粒を入れたものを芯にして、その上にぜんまいの綿で包み、さらには普通の綿もかけて、白糸で巻いていく手まり。五色以上の種類の糸で縫った手まりは、とても美しい。十二星カンタン、キキョウ、おもだか、笹の葉クズシなど、会津にはいろいろな種類の手まりがあった。あの手まり遊びが、春からはどんどんできるのだ。イヌは嬉しくてたまらなかった。

大地ではネギが葱坊主をつけている。

土脈が潤い草木が萌《き》ざし動くような春が到来していたある日、あの悲劇が起こったのだ。青々とした生気が大地にも山々にも漲《みなぎ》り、農家はこの時期、一年でもっともいそがしい時を過ごす。

イヌの父親は、小平潟村の佐瀬家に奉公に出ていた。母は、農作業等で疲れた身体を引きずるようにして戻ってきた後、老母や子どもたちの夕食づくりをするために囲炉裏に火をかけ、明日、町に売りに行く野菜の仕分けを裏の畑ではじめたところだった。

突然、弟がわんわんと鼓膜を突き破るような大声で泣きはじめた。

イヌは反射的に、弟のほうに駆け寄った。そして、あまりにたいへんな状況にイヌは母を呼びに外へ出ようとした。三歳になったばかりの弟が過って、囲炉裏の中に手を突っ込んでしまったのだ。手だけではなく、足も痛がっている。遊んでいるうちに転んでしまったのだろうか。焦げ臭い。手が焼けただれてしまっている。このまま死んでしまうのではないだろうか。そんなのは嫌だ。わずかな時間にさまざまな感情がマグマのようにぐつぐつと湧きあがり、イヌは発狂しそうだった。

当初、「いじこ」とよばれる藁でつくった幼児の寝床の中で弟は遊んでいたものの、よちよちと這い出しを始める時期だった。あまりの熱さと痛さで弟は絶叫していた。

この叫び声を聞いて、母は慌てて家に駆け込んできた。急いで、囲炉裏から息子を抱き上げると、痛々しい焼けただれた手を包み込むようにさすり、全身を抱きしめながら、「どうか神さま、どうか観音さま、この子をお助けくださいませ」と、叫ぶのだった。

痛さと恐怖で泣きやまない弟に、

「おかあが悪かった、おかあが悪かった。清作、許しておくれ」

幼子を抱きしめながら、母の眼からは次第に大粒の涙が滴り落ちてきた。

そんな母と弟を交互に見ながら、イヌは恐怖心でまったく声を出せずにいた。

息子の全身をさすりながら、母は自らを責め立てていた。この幼な子を、幼いイヌや耳の遠い老母に任せていたのは、母である自分だ。あやまちはすべて自分自身にある。

子どもを助けたい一心の母ではあったが、生活がいっぱいいっぱいで、この宝物のようなわが子を遠く離れた医者のところまで連れて行けることがかなわないのだ。それが苦しくてたまらなかった。何ということだ、何ということだ。医者に見せるには猪苗代の町か、さらに遠い若松まで行かなくてはならなかった。もうひとつの手段である往診を頼むにしてもそんなお金などないことは、だれよりもシカ自身がわかっている。

やむを得ず、シカは隣家から塗り薬を調達し、息子の痛みだけでもやわらげたいと試みたのだった。焼けただれた指を、ぼろきれでぐるぐると巻きつけながら、この子の痛みを代わってやりたいと心から願うのだった。

けれども、そんな母の気持ちを全く介さぬように息子は泣き続けていた。シカは藁にもすがるような思いで、昔からお世話になっていた修験者の鵜浦法印《うのうらほういん》のところへ駆け込んだ。この修験者は漢方医もしていたので、庭に薬草園があったのだ。

「清作がたいへんだ、たいへんだ、何とかしてやってくださいまし。ぜひともこの子の命を助けてやってくださいまし」

日ごろから親切にしてくれていた鵜浦法印はその孫の十六歳になる豊丸とともに、赤い法衣や青い法衣を着ながら、汗びっしょりになるまで拝み続けてくれた。そして、墨でまじないを書いて、繃帯をしてくれたのだった。

それが、このときのシカたちにできる精いっぱいの処置だった。

「清作、ごめんな、ごめんな。何の不自由のない身体で生まれてきたお前のことを、母がすっかり、かたわものにしてしまった。一生取り返しのつかないことをしてしまった。堪忍しておくれ、清作。ご勘弁くだされ、観音さま。この愚かな母をお許しくだされ、どうかどうかこの子の命だけは救ってやってくださいまし」

涙ながらにそう祈っていた母は、その後、不眠不休で弟の看護にあたった。もともと、働きづめの母が、さらに弟の看護をしながら働くのだ。イヌは母が倒れてしまわないか、そればかりが心配で心配でたまらなかった。

そのころシカは、いっそ湖水に身を投げて死んでしまおうかということも考えていた。けれども、天のお計らいによって、この子のお命を助けていただいているのだ。たとえどんなに苦しくても、自らそのご恩をないがしろにしてしまうようなことだけはできない。

シカは観音さまのほか、幼少のころ自分を支え続けてくれた亡き祖母の名も呼び、懸命に祈り続けた。

不休の看病を続けたシカは、ある日、決意をした。「これから先、どんなことがあっても、絶対にこの息子を養い続けよう」と。

医者に診《み》せたくても、診せられないことのくやしさ、いたたまれなさ。

あまりにも不眠不休の看病を続けたため、瞼はすっかり膨れ上がり、外に出て日の光を浴びると眩しさで眼がくらんでしまうほどだった。家の中でも、次第に視力が衰えはじめ、足元を見ることさえ困難になってしまった。

それでも、シカは、竹や小さな木の枝を削って両方の瞼に目はじきをかけて、無理にでも目を見開いて仕事に精を出したのだった。どんなに苦しくても前を向いて進んでいこう。必ず道を切り拓いていこう。自身が食べられなくても、この子だけは絶対に不自由をさせたくない。何としてでも養い通そうと決意していた。

そんなシカの祈りが通じたのか、天は母子を決して見捨てはしなかった。清作の命が助かり、次第に足と右手の傷は治っていったのだった。観音さまのおかげで大難を小難へと転じさせてもらったのだとシカは信じていた。

一本一本を布で巻いた右手と違い、すべてを一緒に巻いた左手は手首から先が赤くただれ、包帯を解いたときには木の瘤のように癒着してしまっていた。変わり果ててしまった息子の左手を見て、シカは溢れ出す涙をどうすることもできなかった。

それでも、息子は息子であることに変わりはない。どのような状況下でも、授かったこの世界にたったひとつしかない命を大事にしていく。母親がすべきことは、けがの前でも後でも変わることはなかった。

シカは毎朝必ず、お天道さまを仰いでいた。どんなことがあっても、このお天道さまに恥ずかしくない生きかたをしていこう。だれもがみな、同じ天地に支えられている。たったひとつの太陽がこんなにも田畑を潤し、動物や植物のいのちも育んでくれている。正直に、誠実に、一生懸命に、このお天道さまのもとで生きていこう。この子にも、きっとすばらしい日々が訪れる。観音さまはどんなに貧しい境遇の子どもたちでも見捨てることはしないであろうから。

どんなに踏まれても、お日さまの光を浴びて、大地の滋養を得て、花を咲かせてくれる畔《あぜ》の草々を、シカは見つめていた。

逞しく、野に自生している桑のことを野桑といい、これを採ることを「のくわ扱《こ》き」という。このころ、猪苗代湖岸や西の蟹沢山には野桑がたくさん自生していた。地域の中でも、野桑を活用し、養蚕をしている人々がいた。朝に夜に働き、子育てもしながら、田の草刈りが終わるとシカも二百枚三百枚といった蚕を扱うのだった。

磐梯山の西に行って、山を掘り、畑をつくり、麻の種を蒔いて、着物や蚊帳づくりにも勤《いそ》しんだ。イヌは母が知恵を絞りに絞って、必死に稼ごうとするさまを目の当たりにしていた。

母はいったい、いつ休んでいるのか。いったいどれほど稼ごうとしているのか。母が働きに働く理由が、弟や自分たち家族のためであることを、イヌは十分に理解していた。

五体満足で生まれてきた息子を、自らの不注意でかたわものにしてしまった、という思いがシカにはあった。この先、息子が生涯苦労をしないためにはある程度の余裕のある生活までたどりつかなくてはならない。子どもの未来を思えばこそ、シカはとにかく睡眠時間を削りに削って、身を粉にしながら働いているのだった。

シカは野良仕事の合間をみては、鋸山へと向かった。

会津の冬はとてつもなく寒い。積雪もたいへんな量に及ぶ。戸外での仕事ができなくなる時期のことも考えて、一年分の薪や柴木をこの時期に仕込んでおく必要があるのだ。この山稼ぎの仕事は、通常は男の仕事とされていた。女でこの仕事をする人はほとんどいない。けれども、シカは迷うことなくこの仕事に挑むことにした。家庭の状況を考えたら、そうするより仕方がなかったのだ。

シカは清作を背負って出かけると、働く間は息子を木の枝に吊るしておいた。以前のように、もう老いた母に息子を任せることはできない。近所に預けるような経済的な余裕もない。幼児を木に吊るす、ということで、周囲はシカを鬼だと罵る人もいた。わが子を吊るすなんて、どれほど恐ろしい女なのか、と。

けれども、シカは何を言われても、怯まなかった。これしか方法がないのだ。周囲からどんなふうに見られようが、自分が清作を愛していることは観音さまもわかってくださっている。子どもを本気で愛すればこそ、こんなふうに眼の届くところで、授かったいのちをしっかり大切にさせていただくことに決めたのだ。もう二度と、あんな過失を起こしてしまうようなことだけは避けなくてはならないのだから。

清作は、ハンモックのように木に揺られながら、眠ったり、ときおり揺らしてもらったりしながら母と遊んだ。

木々の薫りも含んだ自然の風はとても心地いい。見上げる空は穏やかに、また豊かに表情を変えていく。シカが必要に迫られて考えた大自然の子守の道具は、清作の好奇心を十分に満たした。

山に行くときだけでなく、畑仕事のときも、シカは息子とともに出かけた。雨が降ると「八つ足」を使った。これは、どこにでも持ち運びにできる小さな小屋のようなものだ。数本の竹の一端を結んだものを地面に建て、四方を筵《むしろ》で覆う。そこに子どもを入れておくのだ。

あの大やけどを負わせる以前にも、実は息子が一度、やけどをしたことがあった。そのあと、もっと注意を払っていたら息子はこんなことにならなかったのではないか――シカは悔いても悔やみきれぬほど、おのれを責めることしかできなかった。

そして、今度こそ、同じ過ちを絶対にくりかえさないために、細心の注意を払って働いたのだった。

そのころ、小作百姓は地主に収穫の半分を納めるのが一般的だった。けれども、小作人たちは残りの半分の中から肥料代等も出さなくてはならない。そのまた残った中から、いくばくかは売って生活のための資金にする必要がある。水呑み百姓の悲劇は、この時代、国内のいたるところに存在していた。それが凶作ともなれば、この地域にかぎらず多くの命が失われることになった。

この地方では、凶作のことを「カラガシ」といった。わらびの根も食べ、「オンバコ」とよばれるおおばこも採っては食し、足りなければ雑草でも何でも頬張りながら、人々は生き延びていた。そんな状況下で、シカは働き続けた。

近所には「自分たちは家じゅう総動員で働いてやっと食べているのに、おシカはどうやって稼いでいるのだろう」といぶかる男たちもいた。

実はシカは、真夜中にも働いていたのだ。

昼間の労働のあと、子どもを寝かしつけたシカは自らつくったすくい網を持って、湖畔の浅瀬や西久保川の落口へ出かけた。小魚を採るためだ。このころの猪苗代湖は鯉や鮒、タナゴや小エビ、鯰なども生息し、専業の漁師もいた。

シカは初夏から秋まで、ほぼ毎夜、こうした魚採りをしていたのだ。上半身を湖水に浸けながら、毎晩五升ほどの収穫を得ていた。

真夜中に水中でがさごそとうごめくために、妖怪ではないかと怪しまれたことも一度や二度ではなかった。どんな扱いをされても、シカは息子たちのために生き抜いていく必要があった。他人から何を言われようと、お天道さまに恥じない生き方だけを志し、朝に夜に精を出して、家族を養い続けていた。

猪苗代湖で得た魚は、家に戻ったあとに仕分けをし、朝早くからそれを売りに出かけていく。

買ってくれる人たちは八キロから十二キロ先のところの大寺、元寺あたりにいた。こうまでして働く母の姿を、イヌも清作も日々、見つめながら暮らしていたのだった。

少しでも母のためになりたい。働く母の力になりたい。母に背負われなくても、清作は次第に姉のイヌとともに留守番ができるようになっていった。

シカが信仰している中田観音は、若松の西方、大沼郡新鶴村（現在の会津美里町）にあった。猪苗代からは西南に三十二キロもある。普門山の弘安寺のご本尊だった。会津藩の代々の祈願所としても知られるこの寺は、一二七九（弘安二）年に建立されている。十一面観世音菩薩像は、その五年前の文永の時代に造られた。

シカは毎年旧暦七月九日の縁日には必ずここを訪れ、夜ごもりをして参拝していた。シカの祖母ミツの時代からの信仰で、とても熱心な信者だった。どんなに苦しく、いそがしい日々の中でも毎年この日の参拝を欠かしたことがなかった。

清作が大やけどを負った年は、息子を背負ってシカはこの中田観音へ参拝した。たいへんなけがでも命を助けていただけたことに感謝をし、子どもの行末の幸を祈っての参詣だった。

信仰心の篤いシカはこの後も毎年ここを訪れ、息子の渡米後も年に一度は必ず夜ごもりをして、いただいたお札を海外に送り続けた。この海外への送付は二十年間、一度も途切れることがなかった。

子どもが家で留守番できる年齢になると、シカは新たな仕事を探した。夫の佐代助が大酒呑みで、博打にまで手を染めて田畑の大半が抵当に入っている。残りの田畑では、一家全体を養っていく生活費の捻出は不可能だと思ったシカは、何か他の仕事を見つけて家族の生活を支えるしかなかった。

当時、農家の日当は二十四、五銭ほどだった。けれども、シカがやろうと思った仕事は一日に五十四、五銭ほどになるものだ。それは、若松から猪苗代への二十キロにも及ぶ山坂道を商家の重荷を背負って運搬する仕事だった。

若松から猪苗代方面の荷物の運送は、大方、湖水の上で船を利用しておこなわれていた。けれども、冬になると豪雪により船で運ぶことができなくなってしまう。そのため、滝沢峠をはじめとした難所を越える道では、数人の男たちによって運搬されていた。

雪路の山の往復がどれほどたいへんなものなのか、強靭な男たちですら、容易ではない。なかには音をあげてしまう者もいたほどだ。シカから最初に仕事の相談を受けたのは、この仕事に従事していた二瓶常三郎だった。

身体の頑強な二瓶ですら、四苦八苦しながら、山越えをしていたのだ。荷運びの仕事がしたいのだが、とシカから相談されたとき、二瓶はてっきり別の男性のことを頼まれたのだと思っていた。

ところが、よくよく話を聞いてみると、働くのはシカだという。二瓶は、シカに体験者として、きっぱり言い放った。

「とんでもないよ、おシカさん。これは絶対にお前さんたち女性にできるような仕事ではない」

それでも、家族の未来がかかっているのだ。シカは決して引き下がらない。自分はこれまでも男のように働いている、とシカは二瓶に語るのだった。

シカが日ごろ努力していることは二瓶もよくわかっていた。並大抵ではできないことを、すでにいくつも成し遂げている。正直で誠実な働きぶりにより周囲からの評判がいいこともよくよくわかっていた。

けれども、それとこれとはわけが違う。雪山の荷運びは、農家の仕事とはまったく違うのだ。どんなにシカが忍耐強くても、たやすくできるようなものではなかった。

二瓶は、何とかシカに諦めさせようと、

「今日のところは帰っておくれ。自分も一晩考えるから、おシカさんもよく考えてほしい。どうか無理だけはしないように。ほんとうにたいへんな仕事なのだから」

と語りかけた。

シカは翌日も二瓶のもとを訪ねた。

「どうしても働きたいので、ぜひともよろしくお頼み申します」

シカは目標に向かって、おのれを鼓舞しながら邁進する人だ。一家の暮らしを安定させ、障害をもつ息子を養うために、働ける今、精いっぱいのことをしつくすと決めていた。

そんなシカの真摯な思いに二瓶も心打たれ、遂にはシカの面倒を見ることにしたのだった。

「わかった。それなら明日から、俺と一緒に荷物を背負おう」

二瓶は自分の仕事をシカに分けてくれた。

シカは常識を打ち破った。道なき道に踏み出そうとしていた。けれども、二瓶が言うように、この仕事は決してたやすいものではなかった。

実際にはじめてみると、先を歩く二瓶に遅れまいとして、シカは必死に歯を食いしばらなければならなかった。何が何でも、この背中にくらいついていかなくてはならない。それでも、深い雪に思わず足をとられてしまう。もうだめだと叫びたくなることもあった。

いくら高い賃金であっても、この仕事を引き受ける男衆はなかなかいなかった。シカの住む地域でこの仕事に従事しているのは二瓶くらいだという現実が、登ってゆく雪山の道でシカにはとてもよくわかった。

それでも、自分からやると言った以上、絶対に投げ出さない。自分には親としての責任があるだから。

これまでにもつらいことや苦しいことはあった。それでも、今日まで生き続けることができたのは、まだ自身にやるべきことがあるからだ。自分がなすべきこと——それは子どもたちを立派に育て上げることだ。

子どもたちのためなら、たとえおのれの命を削りつくしてでも、母は歯を食いしばるのだった。持ち前の負けん気も奮い起こして、とにかく山道を乗り越えようと、シカは歩を進めた。雪を踏みしめ、さらに深くなる雪を踏み分けながら、辛さでこみ上げる涙も気合いで押し戻した。

難所として知られた滝沢峠では、吹雪に吹き飛ばされもした。もしこの重たい荷物が背になかったなら、そのまま遠くへ飛ばされていたかもしれない。雪にうもれて、自分はここで死ぬのではないか、という思いが脳裏をよぎったことも、道中、一度や二度ではなかった。

荷物を持ったまま、茫然と立ち尽くしたこともある。それでも、負けるもんか、負けるもんか、とシカはおのれを奮い立たせていた。どんな苦労も絶対に乗り越えるのだ。転んでも転んでも、シカは立ち上がり、前を行く二瓶の背中を見失わないようにしていた。

吹雪の寒さにもかかわらず、汗が止まらない。このまま倒れたらどんなに楽か、という気持ちすら湧き上がった。それでもシカは、息子たちのもとに帰るために、荷物を担ぎあげたのだった。

イヌ、清作――母ちゃんは負けないぞ。どんなことがあっても、清作を立派に育て上げるぞ。つらいことがあっても絶対に負けるな、清作。どんなことがあっても、絶対に母ちゃんも負けねえから。

シカが挑んでいたのは雪の山道なのではなく、ほんとうはシカ自身だったのかもしれない。弱さで折れそうになるおのれの心に向かって、歩を進め、頂《いただき》をめざして登り続けていた。

そしてその日、自ら宣言したとおり、シカは立派にこの仕事をやり遂げた。倒れそうになりながらも頂上に着いたのだ。

そんなシカに、二瓶は静かに頷いてくれた。眼の奥が微笑んでくれているのをシカは涙の向こうに感じていた。

それでも、一度の成功に浮かれてばかりはいられない。これから毎日でも、この荷を背負い続けるのだ。シカは頂上の風に吹かれながら、両手を広げて、天を仰いだ。

登りもたいへんながら、下りこそ命がけだった。もし転げ落ちたら、なかなか助けにきてもらえないところだ。びゅうびゅうびゅうと雪は降り積もり、地吹雪を起こして風が舞い上がっていた。

そんな母の苦労を知ってか知らずか、息子は母に会いたい思いもあって、自宅から六キロメートルも離れた戸ノ口下の部落まで迎えにきたのだった。小学校に上がる前の幼な子がどんな思いで六キロメートルの道を駆け出してきたのだろう。雪山で必死の思いで語りかける母の言葉を少年は察知したかのように、ただ一途に迎えにいかずにはいられなかったのだ。

戸ノ口下の部落に着いたとき、そこに最愛の息子がいたので、母は一瞬幻想かと思った。あまりに子どものことを思い続けてきたから、ついに幻を見てしまったのではないか、と。けれども、そこにいたのは本物の息子だった。まだ幼い息子が、健気にここまで歩いてきて、待っていたのだと思うと、シカには込み上げてくるものがあった。

足取りが一気に軽くなった。どんなに足が痛くても、たいへんな疲労も吹き飛ばすことのできる子どもという存在に驚嘆した。自分の命よりも大事な、理屈では語りつくせないものが母親にはあるのだ。この命が、鼓動が、満面の笑顔が、苦難に対峙するシカの心身を支えてくれていた。

清作は清作で、母がここまでして仕事をしているのを少しでも手伝いたい思いでいっぱいだった。自分は男の子として、母一人にだけ苦労をかけているわけにはいかない。幼心に、何としてでも、家族の役に立たなくてはならないと思っていた。

清作は母がいない間は、留守番かたがた、一生懸命に畑の世話もしていたのだ。小さな手のひらを土まみれにしながら、母の代わりになることをしようと尽力していた。

「重たかったでしょう、母ちゃん。疲れたでしょう、母ちゃん」

幼い息子は母の手を引きながら、働く母を思いやった。母の手はいつも以上にごつごつしていたように感じられた。清作は、絶対に将来、母に楽をさせてあげよう、親孝行をしようと心に堅く誓うのだった。

「母ちゃん、俺はすぐに大人になるよ。大人になって、絶対に母ちゃんに楽をさせてあげるんだ」

そんな息子の言葉に母は笑顔で頷くと、数え年七歳の息子の手をとって一緒に帰っていくのだった。思えば息子の年にはもう、自分は働きはじめていた。

自宅ではイヌが、祖母とともに夕食の支度をしていた。イヌもイヌで、何か母のためにすべきことがないか、と考えていたのだ。

こんな子たちがいてくれるから、自分は励まされ、力を尽くすことができる。シカと清作たちは暮れなずむ空に浮かぶ茜色の雲を眺めていた。眼を凝らすと、天空には一番星が瞬きはじめ、うっすらとお月さまがこの町を照らしはじめていた。

一日だけで音をあげるようなこともなく、疲れの残る身体を懸命に励ましながら、来る日も来る日もシカはこの仕事を続けた。土踏まずをぺたぺたと大地に押し付けて、ときにはアーウンと木遣りもかけながら、シカはたいへんな雪山に挑み続けた。

滝沢の坂から、沓掛の坂をのぼって、味噌をつけた焼き餅を売っているおじいさんのところで一串食べて、強清水へと向かってゆく。日々の運搬をくりかえす中で、シカは行程全体を把握し、休憩するポイントもわかってきた。これを冬ごとに、休まずにシカは実行したのだ。

その人柄と実直さが認められて、シカは次第に仕事の依頼者たちの信用も得るようになっていた。そんなシカに、周囲は他よりも軽くて数のある割のいい荷物も振り分けてくれるようになった。

働き続ける母親のために、年ごとに成長する清作はいつも戸ノ口下の部落まで迎えにきた。母が仕事に精を出すのは自分のためであることを清作は自覚していた。ここまでして養ってくれている母を思うと、日中離れている寂しさなどはとても打ち明けることのできない清作だった。

こんな毎日を積み重ねながら、この荷物運びの仕事を、シカはこのあと十年にわたって続けた。なみの男にはできないといわれ、避けられてきた仕事を、シカはへこたれずに務めつづけ、磐梯山の麓の大地に根付く存在となった。

どれほどの忍耐と克己の精神で成し遂げられたものだったのだろう——野口英世の世界的な活躍の背景には、母であるシカがこんなふうに見せていたうしろ姿が、何よりも代えがたい教本としてあった。

「おい、清さん、俺は明日入学式だよ」

清作にそう語ったのは、近所の野口代吉だった。

この地域では小学校にあがることを、「寺のぼり」と言っていた。清作より一歳年上の代吉の家は旅館を営み、同じ野口の一族でもあったため、親戚のようにつきあっていた。

とっさにいいなあと、清作は代吉を羨ましく思ったものの、その言葉を口に出すことはやめて、呑みこんだ。そして、息を吸って「俺は学校には行かない」と代吉に伝えたのだった。

「おかあが毎日働いているし、俺がいないとおばあさんが困る。おばあさんは耳だけでなくて、最近は眼の具合もよくない。それに……」

清作は、自らが口にした「それに」のあとの言葉を語ることはできなかった。

目線の先には田の畔の草が風に揺れていた。清作は見るとはなしに自身の左手に視線を落とすと、もう一度、あえて明るい声を出し、代吉に、

「そうだ、代さんが学校から帰ってきたら、その学校の本を全部見せてほしい。お願いできないかなあ」

と頼むのだった。

代吉は清作の気持ちを察して、何も言わず、笑顔で頷いた。そして、清作にせがまれるまま

に、「先生に教わった通りに教える」という約束もしてくれた。

ほんとうは清作も勉強がしたかった。みんなのように学校に行くことができたらどんなにいいだろう、と思っていた。けれども、学校に行くためには授業料もかかれば、筆や墨も購入しなくてはならない。働きづめの母に、そんなわがままをいうことは絶対にできないと幼心に思っていた。

代吉が通い始めた学校は、一八七三（明治六）年五月二日に開校した耶麻郡第八番学区の三ツ和小学校（現・翁島小学校）だ。郡内でもっとも早くできた学校で、村長である二瓶橘吉の住宅の一部を借り受けて開校したものだった。当初は建坪が十五坪、それが二年数か月後には三十七坪の校舎に移転し、入学する子どもたちが続々と増えていた。

「これからの子どもたちは、学校へあがって学問をしなくてはならない」

ある日、かつてシカが奉公をしていた二瓶家の息子二瓶蓮三郎がシカと清作のもとを訪れた。

シカの家は、戸口から奥までが一気に見渡せる。畳ではなく、藁筵が数枚敷かれていた。蓮三郎とて、こうした状況を見れば、シカたちがその日その日を精いっぱいに生きているということはわかった。

話を聞いてみると、ほんとうはシカも清作を学校に行かせてやりたいと心から思っているのだ。それでも、人さまに迷惑をかけたり、人に頼ったりするのを嫌うシカであることは蓮三郎にも理解できた。

「今は本一冊も買ってやることができないけれど、いずれは清作を学校にあげてやりたいと思っております」

シカは、蓮三郎にそう語るのだった。

そんなシカの思いを察して、清作は、

「俺はまだ学校には行かなくていいよ。代さんから借りた本は皆、読んだし、算術も代さんの説明でわかっている。習字は、うちで手習いすればいいから大丈夫」

と語るのだった。

息子の思いを聞いた母は、逆に何としてでもこの子に学問を受けさせようという決意を新たにした。昔と違って、これからの時代は教育さえあれば、出世が可能になることをシカは蓮三郎たちから聞いていたのだ。

残念ながら、息子のやけどした手の状況のままでは職業が限られてしまうことをシカはわかっていた。ならば、周囲が勧めるように、学問で息子が一人立ちできる道をつくり、その人生の後押しをしてやりたい。学ぶことによって、息子に新たな道が開け、可能性が生まれるかもしれないのだ――そんな日が必ず来るように努力しようと、シカは情熱を燃やしていた。

そんな親子の思いに触れたことで、蓮三郎は思案をつづけていた。今の自分にできることはないか、と。蓮三郎は、代吉の父親で旅館松島屋の主人野口長兵衛とも話をして、清作が学校にあがることができるように、必要な本や筆、墨や紙などを購入することにしたのだった。

連日、男でもたいへんな荷物運びをしながら、一家の生計を立てているシカの力になってやりたいと思ったのだ。

こうした蓮三郎や野口長兵衛の思いを知って、シカは歓んだ。地域の人々はありがたいなあと感激した。自分たちのために、周囲がここまでしてくれるなんて……。シカは天を仰ぎ、お月さまに、星々に心の中でお礼の気持ちを伝えた。よく澄んだ、星々が広がる夜だった。

一方、清作は清作で興奮をしていた。やった、やった、思いがけず学校に行けるのだ、と。清作は、「とにかく学問にしっかり励むぞ。俺はだれにも負けないほどに勉強をするぞ」と、心に誓うのだった。

母はもちろんのこと、地域の人たちまでもが支えて、自分に学ぶ場を与えてくれたのだ。何とありがたいことなのだろう。立派になってご恩返しをしなくては、と決意を秘めて、真新しい筆や墨を、清作は何度も何度も撫でていた。

学校に通い始めたのは一八八三（明治十六）年のことだった。シカは三十一歳になっていた。大根の花が白々と咲きはじめ、菜の花が鮮やかな黄色で大地を飾っていた。家を出て歩きはじめたものの、思わず、走り出したくなる。清作は逸《はや》る気持ちを抑えきれずにいた。田の畔道まで来た清作は、何度も振り返って、母に手を振った。桑染色の鷲が一羽、天空に舞い昇っていった。

当時の小学校は初等科六級、中等科六級のほかに、高等科が設けられていた。明治十五年三月から学制改革がおこなわれ、このように三科に分けられるようになっていたのだった。

清作が通い始めた頃の三ッ和小学校には、第六級には男子四十四名、女子六名の五十名が通っていた。第五級には男子二十五名、女子七名の三十二名、第四級には男子十七名女子三名の二十名、第三級には男子十七名、女子二名の十九名、第二級には男子十一名のみ、第一級には男子十三名女子一名の十四名が通っていた。

中等科になると第六級が十名、第五級が十三名、第四級で四名、第三級で三名、第二級で一名という状況だった。

当時はまだ誰もが学校に通えたわけではなかった。

初等科と中等科は半年ごとに進級する制度だった。

清作は当初は成績が特によかったわけではなかった。そして、あんなに歓んで通い始めたのに、すぐに学校に行きたくなくなった。

村の子どもたちが「テンボー、やあいテンボー。テンボーがこっちに来た！」とはやし立てるのだ。

「あいつの手はすりこぎ棒のようだ」

「おもしろい、変な手だ」

小学校の門の前で、子どもたちは清作の左手を毎日からかった。幼さゆえの残虐性で、悪童たちは群れながら、清作を罵った。

悔しさに震えながらも、清作はこらえた。

何を言われても、苦労して働いている母のために耐えなくてはならない。幼い清作は、心の中で一生懸命にわが身を励まし続けていた。

ここでくじけたら負けだ。ここで泣いたら負けだ。負けるもんか、負けるもんか。

ぐいッと歯を食いしばって、清作は懸命に堪え続けた。自分が好き好んでこんな手になったわけではないのに。なぜ、みんなでよってたかってこんなにまで笑うのか。清作は、くやしくて、いたたまれなかった。

異常だとからかわれる左手首を、着物の間や帯の下などに隠して、人目につかないようにつかないように注意を払っていた。

あるとき、授業中にあまりに悪童たちがからかうので、もうだめだと、授業を抜け出して、裏手の山に逃げ込んだことがある。清作はおのれの左手を大地に何度も打ちつけ、「うおっ!!」と叫び声をあげた。

こんな手がなければいいのに。こんな手はもう嫌だ。自分はなぜみんなと手が違うのか。学校がなんだ。勉強がなんだ。もうだめだ。もう二度とあんなところには行くものか。もうだれもこの手を見るな。もうだれもこの手を罵るな。

清作は深く深く傷ついていた。絶対に教室には戻りたくなかった。出席簿には、そこから欠席の印が増えていった。

こんなことにめげずに、何とかもう一度学校に戻らなくては。耐えなくては。幼い胸の中で、清作は懸命に何度もそう思うものの、門まで行っても、教室には行けなくなった。

そして、ついに、清作は落第をしたのだった。

それでも、清作は真夜中まで働き続ける母の背を見ながら、母をがっかりさせるなと自身に言い聞かせた。

こんなことにくじけるな。重たい荷物を今日も運んでいる母の足の豆がつぶれているのを見たとき、清作は再びおのれを鼓舞して、学校に戻ることにした。

耐え抜くんだ、清作。他者の目ばかり気にするな。

嫌なことばかりは、ずっと続かない。

嬉しい日も必ずやって来るから。くやしさをバネにして、つらささえも力に換えて、母のように立ち上がるんだ。

何度も悔し涙を流し、不安にさいなまれながらも、清作は磐梯山の頂きを眺め続けていた。どんな気持ちで見つめても、ふるさとの山の稜線は変わらずに、聳えている。

母も息子のことが不憫でならなかった。小学校にあがる前にも、地元の子どもたちが「テンボー、テンボー」と清作を罵っているのを目のあたりにしたことが何度もあった。

あるとき、悪童たちの「テンボー」の大合唱があまりにもくやしくて、清作はこらえきれなくなって、悪童に飛びついた。胸ぐらを思いきり殴りつけ、憤然と投げ飛ばしたこともあった。悪童が泣き出す声に気づいた母は清作を制止すると、家の中に清作を入れて、あえて優しく語りかけるのだった。

「何を言われようが清作、怒ったり、投げ飛ばしたりしたらいけないよ」

「でも、母さん、あいつらがテンボー、テンボーって言うんだ。しつこいんだ。あいつらは悪い奴なんだ」

ほんとうは母も、同じように悪童たちをぶん殴ってやりたかった。罵られるこの子のみならず、その親がどんな思いでいるのか。それもわからずに、連日「テンボー」と叫ぶような者は、たとえ子どもであっても人間の屑だ。最低だ。それでも、母は下っ腹にぐっと力を入れて、こらえながら、清作を優しく抱きしめた。

「たしかに悪いのは向こうだ。でも、そんなときはいつでも家に戻ってくればいい。暴力は弱い人間のすることだ。力が強いから暴力をふるうんじゃない。弱い人間だから暴力をふるうんだ。卑怯な人間が、どんな時代にも世の中で一番弱いんだ。そんな弱い人間とまともに相手をしなくていい。けんかを買って、いちいち相手をしてしまったら、清作も同じ弱い人間になってしまう。お天道さまは、いつも清作のことを見ている。どんなつらさにも負けずに、顔をあげて元気に立ち上がる清作のことを、いつの日も。だから、どんなときでも、正直に精いっぱい生きていればいい。いつか、このつらささえも清作を鍛えてくれた大事なものだったのだとわかる日がくるから。あきらめるな、清作。母ちゃんはいつだって、清作の味方だ」

清作に語りかけるつもりが、途中から母は自分自身に言い聞かせていた。

負けるな、シカ。どんなときだって、この子の人生がすばらしいものとなるように、全力を注ぎ続けよう。天から授かった子どもを、何が何でも立派に育て上げるのだ。

全力でわが子を抱きしめながら、シカは決意を新たにしていくのだった。

母からそう諭されて、清作も懸命にこらえた。

くやしさで、はらわたが煮えくり返るようなことがあっても、それ以後は懸命に母の言葉を思い出していた。

「力が強いから暴力をふるうんじゃない。弱い人間だから暴力をふるうんだ」

何を言われても、磐梯山や青空を仰ぎながら、清作は未来を見据えることにした。

僕はもう絶対に負けない。

けれども、清作が何も言い返さないのをいいことに、悪童たちはかえって図に乗って、石を投げつけたり、木の棒を振り回してくることもあった。

悔しさに耐えることは、これまでに何度もしてきた清作。

こんな状態をどれだけ耐えればいいのだろうと、母もまた涙を流したことがあった。自分の不注意からの事故さえなければ、愛しいわが子にこんな思いをさせることはなかったのに、と悔やむ気持ちを母はずっと抱き続けていたのだった。

息子が「テンボー」と言われるたびに、母も石礫を、息子と同じように受けていたのだった。

それでも、清作は耐えた。母も耐えた。清作は、母が今日も越えているであろう山のほうを見上げて、空に耀く太陽を見上げながら、耐え抜いた。

もう一度、学校へ行こう。学問で身を立てることは決して自分一人だけの夢ではないのだ。どんなハンディキャップがあっても、それを乗り越えようとする「強い心」が自分には備わっている。学問は、一生懸命に未来を切り拓こうとしている母との共通の夢なのだ。この夢を絶対に壊したくない。つらさに負けることは、大事な母の夢まで切り裂いてしまうことになるのだ。

くやしさで心を震わせながらも、清作は再び教室へと戻っていった。

そんな中、いつしか、清作は学用品をまかなうお金くらいは自分で稼ごうと思うようになった。夕方の六時か七時に近くの井路川に、竹を割って編んだ仕掛けをかけておく。翌朝それを引き揚げると、中には泥鰌が入っている。この泥鰌を「はけご」とよばれる手籠に入れて、清作は売り歩いた。

やがて、このことが母に知れると、母は一方では清作の気持ちをありがたく思いつつも、そんな時間があったら、ぜひ一冊でも多くの本を読め、と息子を諭すのだった。

どんなにたいへんでもつらくても、学費の捻出は絶対に自分がする。清作がいま勉強をすることは、未来への肥やしとなる大事な作業なのだ。大地の田畑を耕すように、ぜひ勉学に励み、学問の畑の豊かな土壌を今、つくってほしいと母は願っていたのだった。

母の気持ちを汲みとった清作は、しばらく考え込んだ後に頷くと、それからは一心不乱に勉強に励んだ。テンボーと罵るような幼い悪童たちと付き合っている暇はないとばかりに、とにかく必死で勉強をした。

何を言われようが、努めて冷静に、「学問で身を立てる」という目標を見据えることにした。不必要なトラブルを起こしていたら、母に心配をかけるだけだ。

やがて、悪童たちが清作の悪口を言っていることに気づいた先生が、

「これから清作のことをテンボーなどと言ったら、立たせておいて、家には帰さない。罰を

与える」

と宣告してくれたのだった。

それでからかいをやめるような悪童たちではなかったけれど、考え方を変えた清作は、もはや彼らを相手にはしなかった。

元来、負けず嫌いの清作だ。

以後は決して学校をさぼるようなことはなく、授業を受けるとともに本を読み続けた。

そして、毎日、夕焼けが会津の空を染め上げるころには、母を出迎えにいつもの場所へと向かった。母の重たい荷物を少しでも持とうと、六キロにも及ぶ道を毎日迎えに行っていたのだった。

入学当初は決してよくなかった清作の成績がぐんぐんとあがっていったのは、一八八六（明治十九）年あたりからだった。この年の五月、清作は初めて一等賞を受けている。

代吉の父親野口長兵衛は、その後も野口シカ一家にとてもよくしてくれた。学校に通うようになってからも、清作に旅館の手伝いをする仕事を与えてくれたのだ。水汲みや風呂番をしては、駄賃をもらった。風呂焚きは、薪の火で本を読むことができるから、清作にはとてもありがたい仕事だった。

一八八七（明治二十）年十月、新たな校長が清作たちの学校にやってきた。辺地の教育に情熱を注ぎ続けるこの校長の名は松本順次郎。この新任の校長から、清作はおおいに見込まれ、認められ、クラスの首席をとるようになっていった。

学年が進むごとに清作の優秀な成績は顕著になり、初等科の終わりには、中等科程度の学力がついていた。次第に清作は勉強をすることのおもしろさを覚えるようになった。

学校での学習以外に、代吉の家からさまざまな本を借りて読ませてもらった。さらには、代吉の父親から書道を習い、楷書や行書、草書までかけるようになった。

そんな息子に母は安堵していた。このまままっすぐに育ってほしいと願わずにはいられなかった。ハンディキャップを乗り越えて、自らの道をたくましく切り拓いてほしい。そのための援助を自分は惜しまずにし続けていこうと考えていた。

相変わらず、厳しい山越えの仕事に従事しながらも、シカは息子の成長が嬉しかった。母と息子は毎日、道すがらいろいろな話をした。

「おかあ、心配しないでくれ。俺はうんと勉強をして立派な大人になるから。おかあに楽をさせるために、立派な大人になって、しっかり仕事もしていくから」

悪童たちから罵られても、清作の眼中には彼らの存在などなかった。おのれはおのれの道をゆく。学問をしっかりして、母に楽をさせようと思っていたのだ。

ところが、せっかく母が稼いだ金を、一家を支えなくてはならないはずの父親が使い込んでしまうことがあった。こんなにまで努めている母の金で酒を呑むことのできる父親が清作には信じられなかった。怒りも込みあげた。

それでも、だからこそ、自分が母や家族を守ろう、しっかり養おうという気持ちがより強くなった。逆境をばねにしてどんどん力に換えることができるのは母親譲りのものだ。清作はひたすら勉強に励んだ。ここで学んだことをまるごと未来への糧とし、人生の肥料にしていくのだ。

母の口利きで、村の駐在所の宍戸豊之助からは、清作は国語や漢文を教わった。このころには宍戸の耳にも、すでに清作が頭のいい少年であるという噂が届いていた。自分のために教えてくれる宍戸との時間を清作はとても大事にしていた。

やがて、シカは村の菩提寺である長照寺を訪ねた。長照寺は一六〇三（慶長八）年に建立された、正面から磐梯山を拝むことができる寺だ。以前、英語を学んでいた和尚楠是本は、清作と代吉に親身になって英語を教えてくれた。

代吉が「ナショナルリーダー第一」を覚えているころ、清作はすでに「ナショナルリーダー第二」へと進んでいた。教わらなくても、自ら読むことができるようになっていた。

宍戸や和尚から、清作の学習の様子を聞くにつれ、シカはとても歓んだ。

荷運びはもちろん、農作業にもいっそう尽力し、清作の成績が上がることがシカの歓びにもなっていた。清作も、苦しみを乗り越えながら、前を向いているのだから、自分もさらにがんばろうと、苦しい山道の中で歩を進め続けるのだった。

母子はそれぞれがすべきことを行い、いつでも二人三脚で進んでいた。

清作は家の手伝いもよくした。母の稼ぎだけではどうしようもない状況は、清作にもよく理解できた。

このころはランプが高価だったので、清作は代吉の家の手伝いをしながら、風呂場の焚き口で暖をとり、勉学に励んだ。家族に過度な負担をかけたくない――母の後ろ姿を見て育っている清作はそう思っていた。清作は地道な努力も決して厭わなかった。学問で身を立てていくからには、どんな分野の基礎もしっかりモノにしなくてはならない。堅実な努力によって、英語の進歩もすさまじく、和尚をうならせるほどだった。

清作は小学校の小使室に足繁く顔を出し、小使室のランプでもよく本を読ませてもらった。努力できることがひとつの才能だ。こうした努力が評判を呼び、次第に周囲の支援も得られるようになっていった。

清作が抜群の成績をおさめるようになると、周囲も一目置くようになった。悪童たちも年を重ねるにつれ、テンボーと罵ることがいかに愚かで、格好が悪いことなのかを自覚しはじめていた。懸命に努力に努力を重ねて、何が何でもやり抜いている清作を、もう馬鹿にすることはできなくなっていた。

清作は、相手が素直に謝れば、これまでのことはあっさりと水に流し、勉強を教えてあげることもあった。忍耐に忍耐を重ねていく中で、自ずと人に対する優しさも育まれていた。

松本順次郎が校長に赴任した一八八七（明治二十）年は、清作にとって忘れられない年になった。四月一日に弟清三が生まれたのだ。

この地域の四月は、まだ春にはほど遠く、雪も残っている。

三十五歳のシカはお産の直前まで畑に出て、身重の体で堆肥運びなどの作業をし、お産の直後も、わずか数日で庭に出て働きはじめた。

さすがにこれを見た近隣の女性たちは、「シカさん、無理だけはするな」と声をかけた。それでも、シカは働くことをやめなかった。「私が助けてやるから、おシカさん、動くな。遠慮はいらねえよ」。そんなふうに言ってくれる周囲の言葉がシカにはとても嬉しかった。

夫は当時、郵便局の臨時配達員の仕事をしていたものの、得たお金は次から次へと酒に消えていった。もっと働く夫だったらよかったのに、おシカさんがかわいそうだ、とあからさまに夫の佐代助の文句を言う地域の者もいた。

けれども、シカは体の弱った母の面倒を見ながら、「私には口うるさい姑がいないだけでもありがたい」と口にしていた。

シカは不幸を他の者のせいにはしなかった。文句をいうくらいなら、自身が働いて働いて、活路を切り拓こうとした。現実の中から幸せの種子を見出すことのできる名人でもあった。

そんな母を、だれよりも長女のイヌがよく手伝った。清作も、生まれたばかりの弟の世話をよくした。勉強をしながら、子守をした。近所の稲荷堂でよく遊んだりした。今はなきこのお堂は、清作の勉強場所でもあったという。

このお堂の周りの板には当時、そこかしこに落書きがあった。落書きといっても、実は紙を買うことのできない清作が字の勉強をするためにいろいろな文字を書いていたのだった。

この年の四月、清作はクラスの級長となったばかりか、学校全体の生長に選出された。生長とは、すべての生徒の長、という意味だ。当時はまだ教員が不足していたため、生長は教員に代わって生徒たちに教える役割も担っていた。

清作が生長に任命された、というのは、この学校では空前絶後のことだった。

通常は最上級生の品行方正で学業優秀なものが生長を任される。けれどもこれは名誉ある無給の仕事なのが常だった。

ところが、清作は有給だったのだ。

一か月二十五銭。

しかも生徒でありながら、下級生に常に教鞭をとるという学校始まって以来の、師範代のような特別な制度を松本校長が清作のために創出してくれたのだ。

家庭環境への配慮もあったのかもしれない。けれどもそれだけではなく、この特別措置には、松本が清作の中に秘めた原石の光沢を見出していたからに他ならなかった。この英才を何とかして伸ばしてやりたい。彼の一生をよりよい、すばらしいものとしてやりたい——校長はそんな思いで、特別措置をしてまで清作を生長に任命したのだ。

当時松本は衆寮を借りて、夫人とともに五人の子どもを育てながら、学校教育に携わっていた。月俸は十二円。在任期間はわずか十一か月だったものの、英語を話すことのできた松本は清作に英語の手ほどきもしていた。やる気と向上心に満ちた清作の思いを、校長はしっかりと受け止めていたのだ。

この未曾有の配慮と決定に、清作はますます奮起し、さらに盛んに学問に励むのだった。

清作が生長になった、その上、先生として、教壇に立つことにもなった——その話を聞いたときのシカの歓びようはたいへんなものだった。思わず、涙があふれ出た。清作よくやった、よくやったと母は歓んだ。

そして、ふと思った。

教壇に立つ清作が今までのようなぼろを着ていていいのだろうか、と。

何とか恥ずかしくない身なりをさせてやりたい。そう願った母は、潤沢ではない家計から、無理にやりくりをして、清作のために洋服を購入したのだった。しかも、村長の息子が着るような、立派な洋服を。

当時、洋服は校長がたまに着るくらいで、他の先生たちは木綿の着物を着用していた。そんな時代に、シカはわざわざ若松まで出て、洋服を購入したのだ。

「いつものぼろ着では恥ずかしいだろうから、生徒に教えるのにこの服を買ってきてやったよ」

突然、母からそう言われて、清作は戸惑った。

家計の苦しさは自分でもわかっている。

そんな予定外の無茶をして大丈夫なのだろうか。

十二歳の稚き先生は心配をした。

「大丈夫、大丈夫。荷物を毎日運び続けているから、これくらいのことはしてやれるよ。清作は何も心配しなくていい」

洋服を試着したものの、遠慮する息子に母はあえて明るくそう話した。

「ありがとう、ほんとうにありがとう」

清作は母に丁寧にお礼を言うと、こんな言葉も言い添えた。

「今度は、俺がおかあに絹の着物を買ってあげるから」

母は微笑みながら頷くと、

「うんと勉強をして、立派な人になっておくれ」

と息子の晴れ姿に目を細めているのだった。

食べるものにも苦労をしている、と思われていた家の息子が突然洋服を着て学校に通い始めたため、村では一気に話題となった。シカはなんて無茶をするのだろうという声があからさまに親子の耳にも入ってきた。あざけり笑う人たちもいた。

それでも、シカは決してひるまなかった。清作が生長に選出され、金銭をいただいて教壇に立たせてもらえることになったのだ。シカにとって、夢のようなたいへんありがたいことで、このくらいのことは親としてぜひともしてやりたかった。

ハンディキャップを乗り越えて結果を出したわが子へのご褒美であり、次なる道への飛翔のためのきっかけとなるものだ。未来のために、何としても贈りたいものだった。

ところが、悪童たちは清作が生長になったことへの不満や妬ましさもあってか、いたずらは再び盛んになった。生意気にも、清作が洋服を着ていることへの反感もあった。悪童たちは、授業を妨害するために長照寺の墓場の草木のおいしげっているところに教壇の机を隠してしまった。

それでも、清作はめげない。期待をしてくれている校長や母たちのためにも、粘り強く、地道に教壇に立ち続けた。自分には思い描いた未来があるのだ。夢があるのだ。こんなところでギブアップをしている場合ではない。平静を保ちながら、自分がなすべきことに清作は励み続けていた。

勉学にも力を入れ、清作は福島県庁から褒状を受けるほどに優秀な成績となっていた。明治の学制改革によって、清作は中等科第五級生から尋常科第四級生となったが、編入試験を受けた九名のうち、合格できたのはわずかに二名だけだった。清作より年上の学年の人たちも、編入試験で落第していた。

一方、母は母で頭角を現しはじめた息子に負けないように、さらに山道を越える仕事に勤しんだ。息子の活躍が、母にも力を与えてくれていた。誉れ高く、いく度も褒状を賜る息子よ。ときに、心の痛みに苦しみながらも、結果を出し続けている息子の努力と活躍が、シカには嬉しかった。

踏みしだかれた草々にも可憐な花が咲くことを、シカはあらためて知ったのだった。

一八八八（明治二十一）年七月十五日の午前七時四十五分、突然、磐梯山が大噴火したことがあった。極めて破壊力の強い水蒸気爆発が十五回以上起こった。磐梯山の北に存在していた小磐梯山の山頂はこの大噴火で吹き飛ばされ、さらに山の北側が崩壊した。

このとき崩壊したものが二十億トンから三十億トンもの岩なだれとなって、北麓の五村十一の集落を埋め尽くした。四百六十一人が亡くなり、東に流れた泥流で長瀬川も埋没した。

この大噴火が起こったとき、シカは田に出て草取りをしていた。突然の大激音とともに大地がぐらぐらと震動し、噴煙は炎とともに立ち上がった。シカたちの部落の農家は壁が落ち、完全に崩壊した家もあった。

他の地域の甚大な被害からみれば、シカたちの被害は大きなものではなかったけれども、ここまでの大噴火の体験はかつてなかったために、シカは腰を抜かしてしまいそうだった。

そして、慌てたシカが真っ先に気にしたのは、子どもたちのことだった。一目散に自宅に駆けこむと、シカはイヌに、「清作と清三はどうした」と訊いた。

「母ちゃん、清作が清三を背負って遊びに行っている」

イヌは清作たちがどこまで行っているのかわからなかった。シカたちは慌てて、清作の名を呼びながら近所を探し回った。

磐梯山はいまだに轟音を轟かせている。最初の大爆発に比べれば、多少小さくなってきているものの、依然として予断は許さなかった。

この日は学校が休みだったので、母の手伝いをするつもりで、清作は弟を背負って、猪苗代湖で小魚釣りをしていたのだ。あまりの大音響に清作は弟をしっかり抱きながら、湖岸から精いっぱいの速さで川岸の柳の陰に潜り込み、形の変わった磐梯山を見つめつづけていた。この世の終わりがやってきたのかと思われるほどの、大地の変化《へんげ》だった。

やがて、母の呼ぶ声が、川岸にまで届いた。

「ここだ、ここだ」

清作も大声をあげてこたえた。

抱かれた弟は尋常でない兄の様子に恐怖のため大声で泣きわめきながら、母が近づいてくるのを待っていた。

母は息子たちのところに飛び込んでくるなり、二人を抱きしめた。

「よかった、よかった。命が助かった」

イヌも駆け出してきて、皆の無事を歓んだ。

空へと昇る焔《ほむら》と黒煙はいまだに立ち上がり続けていた。皆で磐梯山を仰ぐと、見慣れた山がいつもより小さくなっていた。

「観音さま、ありがとうございます。おかげさまで家族が皆、無事でございました」

信仰心の篤い母は自宅に戻ると観音さまに手を合わせ、家族皆の無事を感謝した。これも日ごろからの観音さまのご加護のおかげだと、皆で並んでお礼を申し上げたのだった。

あまりの大噴火とその後の長い日照りによって、農家はたいへんな思いをした。灰が農作物にかかってしまって、後始末がたいへんだった。

農家は今まで以上に汗をかきながら、この惨状からの復活を模索した。農家だけではない。噴火によって税金の納入がとどこおり、学校では教師たちの給料が大幅に減ったのだった。

小林栄との出会い

一八八八（明治二十一）年八月に恩師の松本順次郎が転任したあと、校長を引き継いだのは長谷川好文だった。生長の清作は、長谷川校長にもかわいがられ、信頼された。教師をよく助けて、多くの下級生たちを教えながら、自らも勉学に励む清作を校長は目にかけてくれた。

やがて年が明けると、清作は尋常小学校の卒業試験を受けることになった。

このころの尋常小学校の卒業試験はたいへんに厳しかった。高等小学校の教師が、郡役所の教育主任とともにそれぞれの学校を訪問をし、試験をおこなっていたのだ。このときに試験官として三ツ和尋常小学校にやってきた人との出会いを、清作は生涯、忘れることができない。まさか、その人が生涯を通じての人生の大恩師となるなどとは思ってもみなかった。

このとき、小学校にやってきた試験官は一八六〇（万延元）年七月に会津藩士の家に生まれた小林栄だった。一八六八（明治元）年の戊辰戦争に兄とともに従軍し、兄は命を失った。一八七六（明治九）年に福島師範学校（現・福島大学人間発達文化学類）に合格。ここの一期生の中で、首席で卒業した俊英だった。

猪苗代高等学校で後に校長も務めた小林は当時、猪苗代高等小学校首席訓導（教頭）を務めていた。小林は大勢の生徒を一人一人呼び出しては、筆記と口頭の試験をした。その中の一人の少年は、片手をふところに入れており、口元がきりりとしていた。成績は目を瞠《みは》るほどすばらしい。貧農の子どもであるらしいことは推測されたが、卑屈さのようなものがまったくなかった。

「家は農業か」

小林が訊くと、少年は眼をまっすぐに見て、

「はい、そうです」

と答えた。

手のことを訊くと、少年は、「三歳のときに火傷をしました」という。卒業後のことを問われると、「まだわかりません」と正直に、けれどもよどみなく、泰然と答えたのだった。

小林はこれまでさまざまな子どもたちを見てきた。けれども、この少年はどこかが違う。澄んだ目の向こうに遥かな青空を讃えたような少年だった。

「もしよかったら、近いうちに私の家に来てみないか」

小林はそう言って、自宅の住所を少年に伝えた。

「はい、承知いたしました。必ずうかがいます」

少年はてきぱきと語ると、瞬時に笑顔になった。何とも言えない愛嬌と見どころがあること
を小林は直感的に感じていた。

自宅に戻ると小林は、少年が近日中に訪ねてくるであろうことを妻に話した。三ツ和尋常小
学校で出逢った少年。このままにしておくのはもったいない、成績も人柄もすばらしい少年だ
と、嬉しそうに小林は妻に話した。

清作が母とともに小林のもとを訪ねたのは、それから数日後だった。

シカはその日の朝、早起きして掬いあげた笹蝦を柏の葉に包んで持参した。

小林の自宅は猪苗代町字古城町にあった。

途中の道では蓬が葉を広げ始めていた。

「さあさあこちらへどうぞ。お待ち申しあげておりました」

小林夫人は、初めて訪ね来た母子をあたたかく迎え入れて、奥の間に案内した。そこには小
林家代々の位牌を飾った仏壇があり、シカは清作を促して、二人はしっかりと手を合わせた。

小林はそんな母の態度に感心した。この母ゆえのこの子であることがうかがい知れた。初対

面の挨拶が終わると、小林は清作の左手のことを母に尋ねた。

「左手はどうしてこのようなことになったのですか」

少年は長い間の習慣になっているのか、無意識に手を隠そう隠そうとしていて、それが小林には敏感に察知されたのだった。

母は素直に、ありのままを話した。もう二度と思い出したくないあの日の出来事。酒呑みの夫がいて、借金の返済に明け暮れた日々……。苦労をしている今の仕事や、子どもの将来への不安なども涙ながらに語ったのだった。

母は仏壇を見て、確信していた。こちらの先生も観音さまを信仰されている。このご縁は観音さまがお導きくださったのだと。観音さまにありのままの思いを届けるように、シカは小林に、正直にすべてを話したのだった。

「私の不注意によって、この子の手がこのようなことになってしまいました。これではうまく百姓仕事ができないと考え、学問をさせてやりたいと思っております。けれども家は、今申し上げたようなありさまです。この先どうしたらいいのか、息子のことを案じながら、日々思案をしておりました」

小林夫人も、シカの思いに触れて、涙を流していた。女手ひとつで懸命に子どもたちを育てようとしているシカの気持ちが伝わり、思わず涙腺が緩むのだった。

小林は、時おり目をつぶりながら、黙ってシカの思いを丁寧に聞いていた。そしてゆっくりと目をひらき、母子を見て、笑顔で大きく頷いた。

「状況は理解いたしました。さぞかしたいへんな体験をされたご様子。私とて、大きなことができるわけではございませんが、教育者として、彼の才能を精いっぱい伸ばし、育んでやりたいと思っております。わかりました、今は万事、わたくしにお任せください。わたくしが彼をお引き受けいたしましょう。とにかく高等小学校の四年は卒業させてやりたいので、私の学校で彼を引き受けることにいたします」

思いもかけない、力強い言葉だった。

首席訓導（教頭）とはいっても、小林は当時まだ二十代だ。その若き教頭が、出逢ったばかりの少年のために四年間も世話をして、その後のことはそのときに考えようと言ってくれたのだ。

シカは涙を流して歓んだ。思わず小林を拝んでしまった。観音さまがこの先生を通じて、奇蹟をもたらしてくださっている——シカは泣きながら、額を床につけて、

「ありがとうございます、ありがとうございます」

とくりかえし礼を述べた。清作も目を丸くして、夢心地のまま、頰を紅緋色に紅潮させて頭をさげた。

帰り道の満天の星々を、母子は仰ぎ見ていた。

夢ではないか、と母も子も思った。今日から新たな日々を創出していくのだ、と息子は北極星を仰いだ。

そんな母子を、月のひかりが柔らかくあたたかく照らし出してくれていた。

「清作、さあここからがはじまりだ。この小林先生にご恩返しをするためにも、さらにしっかりと勉強をしておくれ。必ずや期待に応えておくれ。母ちゃんも今まで以上に励むから。どんな仕事でもやり通すから」

月の色に耀く母の言葉を、息子はしっかりと嚙みしめながら頷いていた。ここで励まずして、会津の男とよべるだろうか。艱難に苦難を重ねても、粘り強く、奥歯を嚙みしめて、最後まで信念を貫き通すのが会津の男だ。

清作の眼は月光に耀いていた。


小林栄が首席訓導を務めていた猪苗代高等小学校は、当時では新しい様式の建築だった。窓が全部ガラス張りなのだ。ガラスのことをギヤマンとよんでいて、とても珍しかったため、この学校は別名「ギヤマン学校」とよばれており、すっかり観光名所ともなっていて、弁当を持って見物に来る人たちもいたほどだった。

このころはまだ高等小学校まで進学する人はとても限られていた。多くの農家の子どもたちが尋常小学校さえ卒業することが難しかった時代、高等小学校に行くということは、上級官吏や裕福な家庭の子どもたちだけに限られていた。

そこに、村一番といってもいい貧農の息子が猪苗代高等小学校に通うことになったと聞いたときには、部落の人々はそろって驚嘆の声をあげた。明日の米にも苦労をしているような家で、息子が高等小学校だなんて、お笑い草だと語る者もいた。

けれどもシカは動じなかった。そんなことに聞き耳を立てるひまがあるくらいなら、おのれの道を築かんとしている息子を支えるために、さらに精を出して働くのがいちばんだ。路傍のどくだみの花の白さが母子の眼をなごませてくれた。

清作は、外部のねたみそねみや中傷にはまったく耳を傾けず、ただひたすら見据えた目標に向かって邁進していた。

うちかつ相手は、他者ではない。くじけそうになるおのれの心——これだけだったのだ。昨日の自分よりも今日の自分、今日の自分よりも明日の自分と高めていけばいい。清作は日々、自らを乗り越えていくことだけに挑戦していた。

自宅から学校までは、往復十二キロの道のりだ。寒風が吹き荒ぶ冬の日も、真夏の照り返しが厳しい灼熱の道も、木々さえなぎ倒すような台風のときであっても、清作は歩を運び続けた。行きにも帰りにも本を読み、学び続けながら、おのれの足と手で人生を耕し続けていた。

一八八九（明治二十二）年の四月、清作がこの学校に入学したころはいまだに、「テンボー、テンボー」と笑う者たちがいたが、学年トップの戸田求という秀才をあっという間に追い抜き、首席となったころには、だれも清作のことをあざけり笑わなくなっていた。

犬ふぐりの紫の花が群落の中で咲きはじめたころには、清作は実力で、同級生たちの尊敬の念を勝ち取った。

だが左手の不具合のため、体操の授業はいつも欠席だった。

それでも学年トップとなっていたのだから、他の科目でいかに清作がずば抜けていたのかがうかがえる。清作は左手のハンディキャップを乗り越えるために、開けるたびに手を使わなくてはならない弁当箱ではなく、焼きむすびをいつも持って学校に通っていた。

母がどんなに働いても働いても、暮らしはいっこうによくならなかった。というのも夫の借金もエスカレートしていたのだ。清作は不自由な方の手も使いながら畑仕事を手伝ったり、弟の世話をしたり、行商の品入れの仕事もしながら家計を助けた。

集中して勉強ができるのは日中の家事手伝いを終えてからだった。

そんな母子の足をひっぱるのが酒びたりの夫だった。これにはさすがのシカも悲しい思いでいた。どれほど働いたなら活路が見出せるのだろう。夜明けの直前がもっとも暗いというけれど、闇夜はどこまで続くのか。

夫の酒代で、貧窮がどんどん進んだ。夫は博打にも手を出し、借金を重ね、その催促がシカを苦しめていた。

「清作に学問をさせる余裕があるなら、借金を返せ」

取り立て屋たちから、シカは何度もそう言われた。家に来る者の中には、荒くれのやくざ者もいた。母の苦労を肌身に感じていた清作は、冬ごもりのための柴刈りにも進んで行ったのだった。

清作は睡眠時間を削りに削って、精進した。ナポレオンの睡眠時間が三時間であったことを念頭に置きながら、母の苦労を少しでも解消させるために、清作は勉学の鬼となった。「こうして学ぶことができているのは恩師である小林先生のおかげだ。その期待に応えるためにも、決して弱音を吐くまい」

それでも、借金取りはシカのもとにやってきた。「息子はあの手だから百姓ができない」と再三説明しても、債権者たちはなかなか引き下がらずにシカは困り果ててしまった。

シカは、思い切った手を打った。それは、清作に嫁をもらうことだった。嫁がもし百姓の仕事をしっかりと手伝ってくれれば、清作は勉強に励むことができる——シカはそんなふうに思ったのだった。他にいい方法があるかどうか思い描こうとするものの、妙案は浮かばない。やはりこれしかない——そう思ったとき、シカの頭の中には、遠戚の二瓶佐太郎の娘「おとめ」が浮かんだ。たしかすでに十九歳で、嫁に行き遅れていたはずだ。この際、健康な娘なら誰でもいい、とシカは思った。

考え抜いた末にシカは佐太郎に相談をすると、清作の頭のよさを世間の評判で知っていた佐太郎は、いろりの炎を見ながら考え、静かに頷いた。評判になるほど勉学に励むことのできる清作なら、娘を苦労させることも少ないだろう。人間は申し分ないと佐太郎は思ったのだ。

結婚話をシカから切り出されたとき、さすがに清作は驚いた。どんなに母からの願いであっても、結婚などまったく考えていなかったからだ。女よりも今は勉強だ。勉強に励むことが最優先だ。

いかにそれが家のためになることではあっても、十七歳の清作はすぐに「はい」と返事をすることができなかった。自分は学生で、もっともっと学問をしていきたい。結婚なんてしたくはない。

清作は妻をまったく必要としていなかったのだ。

「お前を学校にやり続けるためなのだから、どうか清作、我慢をしてほしい」

借金取りの取り立てに疲れ果てていた母からそう懇願されて、清作はもはや断れなくなってしまった。

まったく乗り気ではなかったものの、やむを得ず、結婚をすることになったのだ。一八九二（明治二十五）年、清作はまだ、高等小学校三年生だった。

けれども、やはり、十七歳の清作にとって、妻という存在は重荷でしかなかった。いやだという気持ちでいたため、相手にまったく罪がないことはわかっていても、顔を見ることさえつらかった。

清作はこの結婚はなしにしてほしいと妻に話した。

「おまえは器量がいいから、いくらでも嫁に行くことができる。こんなところで、一生を台無しにしないでほしい」

結婚して間もないある日、清作はこう言って妻に謝罪した。妻は妻で、夫が自分の眼も見ようとしないことを痛いほどわかっていた。

家計の事情による婚姻がもたらした悲劇だったけれど、おとめは後、裏磐梯の檜原村に再び嫁に行き、そこで幸せな日々を過ごすことができたという。

責任感の強いシカは、自らの失敗でおとめを傷つけてしまったことを反省し、やはり自身が働くことで窮状を突破しようと決意した。

おとめが去ったころ、勉学に励む清作の袴はすっかり擦り切れてしまっていた。それでも新たなものを購入するような余裕はない。日ごろから、成績トップの清作に勉強を教えてもらっていた秋山義次は、ある日、無理やり清作の袴を脱がせると、お礼に真新しい袴を無期限で貸し与えると宣言して、清作に贈ってくれたのだった。義次の好意を、清作はありがたく受け入れ、シカともども喜んだ。

新しい袴を見ながら、シカは清作が良い友に恵まれたことを歓び、観音さまに手を合わせた。つらいことは自らを鍛えてくれる糧、ありがたいことはすべて観音さまからのお恵みなのだ。

シカはたえず、天地を拝《おろが》みながら、歩んでいた。

ふと周囲を見渡すと、田の畔道には蓮華がほころびはじめ、風に揺れている。

どこから運ばれてきたのか、露草の青も草に紛れずに花を咲かせ、傍の木々には新葉だけが持つ柔毛が陽射しに照らされていた。

春には観音寺川沿いに桜が咲き、夏にはニッコウキスゲが黄金色に耀き、秋には楓やハンノキ、ヤマザクラなどが渓流を彩り、冬には白鳥が飛来する、この故郷の自然がシカは好きだった。

純白の白鳥と磐梯山の雪白色とその上を往くわたがし色の雲と。

白だけでもいく種類もの色が存在するのがシカたちの生活《たつき》を包み込む会津だった。

手術

明治二十四年、高等小学校四年生の二学期半ばに、清作は思い切って胸の内を吐露する作文を書いた。将来を思い悩む時期だ。これまでの日々、これからのこと。自分は何を為していくべきなのかを思ったとき、清作は書かずにはいられなかった。

この手のことがどれほど、歯がゆかったのか、を。

母がどれほどまでに働き続けてきたのか、を。

周囲の子どもたちから「テンボー」と罵られて、とても悲しかった日々を。

必死で働く母をこの手では、百姓としてうまく助けられないもどかしさを。

いっそ、自分自身で小刀によって指を切り離そうとしたことが一度や二度ではなかったということも、清作は赤裸々にこの作文に書き記した。

文面からは清作の心の叫びが噴火し、噴煙をあげていた。

「自分のこの手が治ったなら、必ずやすばらしい人間になりたい」

作文には、そんな清作の本音が込められていた。

この作文を読んだ小林栄は、校長の武藤愛治をはじめ、さまざまな職員にこの文章を見せて廻った。武藤は胸が詰まって、しばらく言葉を発することができなかった。

「こんなに優秀な生徒をこのままにしておくのはもったいない」

「なんとか救いの手を差し伸べられないだろうか」

「手術費用を、皆で集めたらどうだろう」

教員たちは口々に思いのたけを語った。小林は、教員のみならず、今度は教室でもこの作文を朗読して紹介した。すると、皆が聞き入り、

「野口を助けよう」

「清作の手を手術させてあげよう」

「できる者は、お互いに金を出し合うのはどうだろう」

などの声が上がった。

この数年間、ともに学んだ学友たちは、清作のすばらしい頭脳はもちろん、彼がいかに努力を重ねているのかを知っていた。

清作の向上心に学んだ者もいる。直接、教えを享受した者もいる。野口のために、皆で力をひとつに合わせよう——多感な少年たちが仲間を思って、自らにできることを模索したのだった。

少年たちが、響き合うごとく、清作の心に呼応するように立ち上がったことこそ、武藤や小林をはじめとした教職員たちの、すばらしい教育の成果でもあった。

皆で集めた義援金は、思いがけず十五円もの大金となった。小林は清作を呼び寄せた。

皆の思いに清作は涙がとまらなくなっていた。

こうした思いに浸ることができるのも、この学校で学ぶことを支え続ける小林先生のおかげだ。清作は先生に感謝しながら、十数年分の苦しみや膿みを吐き出すように、涙で洗い流すように、声をあげて泣いた。

そんな清作に向って頷くと、小林はにっこりと微笑んで言った。

「若松に渡部鼎先生という、アメリカから帰国したばかりのドクトルがおられる。あの先生に診察してもらうのはどうだろうか」

渡部先生はこの地域で名医と評判の人だった。

自宅に戻ってこの話をすると、母は、それはそれはたいへんな喜びようだった。

あの日の悔恨や懺悔の気持ちは一日たりとて消えたことはない。そんなシカにとって、清作を助けようと教員も同級生達も力を合わせて立ち上がってくれたことが何よりもの歓びだった。溢れ出す涙を、シカも押さえることができなかった。

さっそく清作は勧められるままに若松に向かい、会陽医院を訪問し、渡部医師の診察を受けてみることにした。

積年の願いがかなうかもしれない、という思いがある一方で、不安もないわけではなかった。もしもここでだめだと言われたら、いったいどうなってしまうのだろう。これから先、どう生きればいいのだろう。

少年の心は揺れていた。弱気になりそうな自分もいた。けれども、みんなの思いが詰まった義援金で、ついに手がもとに戻る手術ができるかもしれないのだ。

そう思うと最後には喜び勇んで、清作は若松までの道を急ぐことができた。

道中、清作はとても緊張していた。会津藩の城下町として発展した若松といえば、何といっても鶴ヶ城だ。蘆名《あしな》直盛《ただもり》が一三八四（至徳元）年に築いた黒川城（『日本大百科全書』）にはじまり、一五九〇（天正十八）年に蒲生《がもう》氏郷《うじさと》が入った後に天守閣が築かれ、鶴ヶ城とよばれるようになった。

戊辰戦争ではたいへんな激戦の果てに開城され、取り壊された。

「なよ竹の風にまかする身ながらもたわまぬふしはありとこそきけ」の辞世の歌で知られる家老・西郷《さいごう》頼母《たのも》の妻、西郷千恵子たち二十一名の女性の悲劇や白虎隊の少年たちの悲劇をはじめ、会津の苦悩をまともに正面から受けたところでもある。

一八五八（安政五）年に生まれ、カリフォルニア大学を卒業した渡部鼎は一八九〇（明治二十三）年、ここに会陽医院を開設し、医者として活動していた。

この渡部との出会いも、清作にとっては運命的なすばらしいものだった。

診察した渡部は、状態が決して芳しくないことを清作に告げた。

「残念ながら、手術をしても元通りになることはないでしょう。それでも、ものを摑み取るくらいのことは、これからの手術によってできるようになるかもしれない」

清作の左手を丹念に診察しながら、渡部は率直にそう語った。

「左手でものを摑み取ることができるかもしれない」と聞いた清作は、眼の前が明るくなった。それだけでも十分にこれまでの苦悩が解消される、と思った。清作は、即座に望みをかけてみようと決めた。

「先生、よろしくお願いいたします。ぜひとも手術をしてください」

清作は歓び勇んで、帰りの道を歩いた。この診断を、真っ先に母や先生、仲間たちに報告したかった。

可能性があるなら、とにかくチャレンジだ。思いきって、ぶつかってみよう。

途中、清作は猪苗代湖に白鳥が飛来しているのを見た。毎年、白鳥は十月半ばから四月頃までやってくる。通常、白鳥の飛来は秋が深まってきたことと、とても厳しい冬が近づいていることを教えてくれる風物詩だ。

このとき、清作は「自分も白鳥のように翔び立つのだ」と思った。手術によって、清作はもがれた翼を取り戻すことができるかもしれなかった。

もしこの手が治るのなら、自分の人生は、さらに豊かな可能性に満ちたものになっていく。

清作は目の前の白鳥を見つめながら、大空を飛翔する自身の姿をくっきりと思い描いていた。

手術が成功したら、このあとの日々はすべて、皆への恩返しに使おう。これまで支えてくれた人たちへの感謝の気持ちを力に、さらなる道へと飛び立っていく。その瞬間が待ちきれなくて、いつしか清作は奔《はし》り出していた。

「おかあ、完全には元通りにならなくても、手術によってものを摑み取ることくらいはできるようになるかもしれない。渡部先生からそう言ってもらった」

清作から報告を受けたシカは、飛び上がるほどに歓んだ。

「清作、ほんとうか」

シカは観音さまに手を合わせると、さっそく清作を連れて小林栄の元へ向かった。いくらかでもよくなる可能性があるのなら、シカはどんなチャレンジでもさせてやりたいと思っていた。

「よかった、よかった」

シカは天空を仰ぎながら、西南の方向の中田観音さまにいく度もいく度も手を合わせるのだった。

報告を受けて、小林夫妻も心から祝福してくれた。

小林はさっそく校長や職員のところに伝えに行き、同級生たちにも報告をした。親友の秋山義次や八子弥寿平たちが駆け寄ってきて、清作を抱きしめてくれた。

そんな光景を見ながら、小林も清作と一緒に同級生たちに頭を下げるのだった。

「みんなのおかげで、清作が手術を受けることができる。清作の人生に新たな可能性が生まれる。みんな、ほんとうにありがとう、ありがとう」

一人一人にそう伝える小林の顔は、恩師というより、もはや父親のそれだった。

「自分はなんて幸せ者なのだろう」

親身になってくれる周囲の人たちに支えられて、その優しさやあたたかさを全身で感じて、清作はまたも、涙腺が緩んでしまった。

この先、何があっても、この日のことを忘れずにいよう。まずは手術に耐えて、新たな一歩を踏み出そう。清作は帰り道、星を見上げながら決意を新たにした。

やがて、手術の日がやってきた。

手術には「代表付添」として秋山義次が付いてくれた。秋山は高等小学校三年の五月に喜多方小学校から転校してきた男だ。転入当初、まだ友達がいなかった秋山に、非常に優しく接したのが清作だった。ふたりは兄弟のように仲良くなり、同じく転校生だった八子弥寿平とともに一緒にいることが多かった。

清作は、よく二人の勉強をみてやっていた。学校生活になじめるよう、親身になってさまざまな手助けもしていた。そんな日ごろからの恩もあり、手術に対しては、二人はとても熱心に、親身になって協力してくれた。

秋山が付き添ってくれたことは、清作にとってとても心強かった。

二人は甲賀町の宿屋に一緒に泊まってから、会陽医院をめざした。

土蔵ふうの二階建ての医院の診察室は下の部屋で、清作は、午前十時から診察を受けた。

渡部が診察をしてみると、親指ばかりか、他の指も内側に曲がっており、指先が癒着していた。爪もなかった。渡部はできるかぎりの処置をするために、メス（小刀）を執った。

清作の手に局部麻酔の注射をして、メスで一本一本、指を切開していく。渡部は丁寧に処置をした。薬をつけ、一本一本の指に添え木をあてて、丹念に包帯で巻いていく。

麻酔されてはいたものの、清作は指が裂かれていく痛みをこらえるのに必死だった。こんなことで負けるものかと、会津の男児として、懸命に歯を食いしばった。これには、そばにいた秋山のほうが脂汗が出てきてしまいそうだった。

清作がそうとう痛かったであろうことは、その表情や出血のひどさからも、うかがえた。

「清作、負けるな」と励ましながらも、秋山のほうが耐えきれずに倒れてしまいそうだった。

やがて、手術は終わった。

渡部は額の汗を拭うと、清作を見て、笑みを浮かべて頷いた。

「よくがんばったな。手術は成功だ」

無事に手術は終了し、清作は包帯がとれるまで、二十日から一か月ほど、入院することになった。

秋山義次は、清作の母の待つ家へと急いだ。若松から二十四キロもの道のりだ。会陽医院を二時過ぎに出て、若松で食事をとり、あとはとにかく旧道を駆け戻ったのだった。滝沢峠を通り、船石のあるところを通って、秋山は清作の家をめざした。

途中、長浜まで来ると、すっかり日が暮れてしまった。こんなに急いだのに、残りはまだ四キロほどある。もうへとへとだった。

それでも秋山は、心配しているであろう清作の母親や、痛みをよくこらえた清作のことを思いながら、懸命に駆けていった。

「おばさん、うまくいきました。手術は大成功です」

秋山はシカのもとに駆け込むなりそう言うと、そのまま倒れ込みそうになった。必死に走って来てくれたことは、秋山の額の汗が十分すぎるほどに物語ってくれている。

シカは感謝の言葉を述べ、水を差し出した。シカは仏壇に灯明をあげ、必死に観音さまに祈りを捧げ続けていたところだった。一日中、清作の無事を祈念し続けていたに違いない、と秋山は思った。やつれたシカの、けれども眼だけはどこまでも鋭かったことを秋山は感じた。

飛び込んで来てた秋山の言葉を聞いて、シカは満面の笑みを浮かべた。そして、眼には涙が溢れてきた。

「よかった、よかった。秋山さん、ほんとうにありがとう。ありがとう」

シカはそう言うのが精いっぱいだった。

観音さまに再び手を合わせたシカは、秋山をそこに待たせておいて表に出た。そして再び戻ってくると「これを家の人に」と何本かの串に刺した魚を秋山に差し出すのだった。

「どうかぜひ受け取ってください。これはお礼の気持ちにはとても及びませんが、伝えに来てくれたことに対する感謝の気持ちです。秋山さん、ほんとうにありがとう。たいへんなときに、ずっと清作のそばにいてくれて、どうもありがとう」

シカはそう言って涙を拭うと、そのまま四キロもの夜道を秋山の家まで送っていくのだった。

清作の手術が成功した。

観音さまのご加護、そして多くの人のありがたい思いによって、清作の長年の苦しみが解放されようとしている。そう思うと、母はただただありがたく、空に浮かぶ月を見ても、秋風が揺らす芒の心地よい音を聞いても、涙にくれてしまうのだった。

シカは秋山の家の人たちに丁寧に礼を述べ、感謝の気持ちを伝えた。

秋山は、これまで紙や筆を買ったときには清作に分け与えていた。不自由な指を悔しがる清作の思いをだれよりも近くで聞いていたので、何とかして手助けができたらと思っていたのだった。清作の手術の成功は、親友である秋山にとっても、涙が出るほど嬉しい出来事なのだった。

その日、シカが秋山の家を出たのは夜の九時を過ぎていた。

出席簿によれば、このときの手術による清作の欠席日数は十月が七日、十一月が二十四日、十二月が二十三日となっている。

清作は、入院中でも、一日でも早く母たちを安心させ、家計の支えとなることばかりを考えていた。

手術の術後はすこぶるよかったものの、義援金の十数円では長く入院することができなかった。当時の若松での宿代はもっとも高級な部類の旅館でも一日二十五銭という時代だったが、入院料は一日一円二十銭にもなるのだった。

あと二週間入院すれば全快して退院することが可能だったけれど、清作は手持ちのお金の関係から、十数日たったところで退院して、若松から自宅までの二十四キロもの道を歩いて戻った。

その後も、清作は通院による治療を受けた。

再び清作が学校に戻ることができたのは、一八九三（明治二十六）年の一月からだった。

十月末から十二月までの三か月近く欠席しても、清作は学年トップの成績を続けていたのだから、その努力のほどがうかがえる。病床にあっても通院中でも、清作は可能な限り勉強を続けていたのだ。

手術とその後のリハビリテーションによって、清作の左手はものを摑むことができるようになった。指を動かすことができたのだ。

清作はあらためて医学のすばらしさを体感し、自身の将来への思いの中で「医者になりたい」という思いが萌《きざ》しはじめていた。

医学によって、積年の苦しみから解放される人たちがいる。自分は周囲の人たちの力添えによって、医学のすばらしさを身をもって知ることができた。この先、医学への道を精進できたなら、という思いが自身の中で湧き出していることを清作は感じていた。

けれども、それには進学をせねばならない。母をはじめ、これ以上周囲に迷惑をかけていいものか、という思いを少年期から青年期に変わろうとしていた清作は、一人、感じはじめていた。

高等小学校卒業

やがて、清作の卒業の日が近づいた。一八九三（明治二十六）年三月に清作は猪苗代高等小学校を卒業する。

大噴火から数年が経ち、その噴火によって磐梯山の北麓から北には標高八百メートル前後の高原地帯が広がっていた。また、檜原湖、秋元湖、小野川湖、曽原湖の四つの湖と五色沼をはじめとした大小三百にも及ぶ湖沼群が噴火によって形成された。

旧檜原村を流れていた長瀬川、檜原川などがせき止められて生まれたのが檜原湖だ。水中に埋もれている木が、そこがかつて陸地だったことを示している。

中津川と大倉川がせき止められて、生まれたのが秋元湖だ。最大水深三十三・二メートルは四つの湖の中でもっとも深い。小野川がせき止められて生まれた小野川湖の上流には多くの湧水が湧いているのだった。後に裏磐梯四湖といわれることになる湖の中でもっとも小さい周囲三・五キロメートルのものが曽原湖だ。

そんな大自然の驚異を目の当たりにしつつ、手術から復活した清作は学校に通いながら、自身のこれからの行く末について、思案していた。

本音を言えば、このまま勉強を続けて医者になりたい。けれども、この医学への希求を母や恩師である小林栄たちに語ることが、人としていいことなのか、清作は考えあぐねていた。これ以上、小林先生や母に負担をかけてまで自分が勉強するのはわがままなのではないか、という気持ちも湧きあがっていた。

これからの進路をどうすればよいか。野口清作は、ここから一体いかにして生きてゆくべきなのか。

清作は、春を迎えようとしている磐梯山の頂きを仰ぎ見ていた。自分は今、人生の大きな岐路にさしかかっている。ここでの選択が、おそらく人生を左右するだろう。

端正な円錐形を見せている磐梯山の北東には櫛ヶ峰、南東には赤埴山が寄り添っていた。思いあぐねているばかりで、答えが見出せずに、清作は恩師である小林栄のもとを訪ねた。自分自身のこれからについて、考えあぐねていることを正直に恩師に伝えたのだった。

恩師は恩師で、実は清作の行く末について、常々考え続けていた。

「おまえはどう思っているのか」

恩師はまず清作にそう尋ねた。自らの人生だ。他者に言われて道を決める年齢ではない。たとえ、どんな選択をしたにせよ、おのれの責任で道を切り拓き、突き進んでいくことの必要性を恩師は感じていたのだった。

「このまま学問を続けたいと思います。けれども、ここまで教育を受けさせていただいた上に、さらに母や先生に頼っていいものなのか、とも思っています。何か道はないかと思い、本日は先生のご意見をうかがいに参りました」

小林は、真摯に語る清作の眼をじっと見つめた。

最初に出会ってから、どれほどの日々が経つだろう。何度この眼を見て、清作に思いをかけてきたことか。小林は、手術の後にも勉学への情熱を絶やさなかった清作の本心を理解していた。

この男は単なる秀才ではない。幼少時代から育み続けた堪忍のこころが土壌となって、練り上げられた類まれな精神力をもっている。見事な耀きを持った原石だ。磨き方によっては、これから先どこまでも光沢を増していく、稀有な宝石になるのではないか。そして、清作なら、間違いなく、思い描いた夢に真摯に挑んでいくだろうと、小林は思っていた。

小林自身、ほんとうのところ清作の可能性をさらに大きく開花させるためになんとか力になりたかった。

「役人か教員か医師。この三つのうちのどれかがいいのではないか、と私は思っていたところだ」

小林は、思案して答えを出しかねている清作のために、以前から考え続けていた三つの道を提示した。

役人か教員か医師。

「実は先生、私も、今回の手術で医学のすばらしさをあらためて体験致しました。神仏の代わりとなって、人を助けるということの尊さを思っております。もし自分にその役目ができるのならば喜んで医学の道に身を投じたい。一生を尽くして、医の道に励み、進んでいきたいと思っておりました」

話しながら、清作の頰は紅潮していた。小林の示した選択肢の中に自らの大本命の願いが入っていて、意を強くしたのだった。その答えを聞いて、小林は笑顔で大きく頷いた。

「昔から医は仁術という。探究のしがいのあるすばらしい世界だ。大きなやりがいがあるだろう。本来なら医者になるためには手順がいる。そして医学に励むためには長い年月が要り、莫大な費用もかかるだろう。残念ながら、支えてあげたくても、私にはそこまでの財力はない」

恩師の言葉に頷くと、清作はきっぱりと言ったのだった。

「私は独学で励みます。独学で医学を学びます」

もうこれだと決意をした男のまなざしだった。

「手術で三か月にもわたって学校を休んでいても、学年トップの成績を保ちつづけたおまえのことだ。たいがいのことは独学でなんとかするだろう。それは傍で見てきた私自身がとてもよくわかっている。だが、医者になるには専門的な勉強が必要なのだ。専門の学校を卒業しなくてはならない」

清作の眼から視線をそらすことなく、小林は語った。清作の心の変化をすべて読み取ろうとする真剣なまなざしだ。

「けれども、清作、実は医者になるにはもうひとつ、道がある。それは、どこか医者の家の書生になることだ。そこから、実地の訓練をしながら勉強に励んでいけば、通常よりも遥かに早く医者になることができるかもしれない。その道にかけてみるのはどうだろうか」

そこまで言うと小林は、ふと緊張をほぐして笑顔になった。ほんとうはもうずいぶん前から、清作の将来を考える中で得ていた、小林なりの解答だった。

清作も小林の言葉が決して単なる思い付きでないことはわかっていた。自分のためにずっと考え、この答えを用意していたのではないか。そう思ったら、ありがたさが身に沁みた。

今日までくることができたのは、恩師であるこの小林先生のおかげだ。先生が自分に学問の道をつくってくださったからこそ、級友たちとも出会い、左手の手術をすることができたのだ。雑草だと思っていた自分にも、花を咲かせようと見守ってくださっている大いなるまなざしがあることを知った。太陽や大地のような、大きな大きなぬくもりと優しさに自分は包まれていたのだ。

「先生、わかりました。ありがとうございます。さっそく、入院中にいろいろな話をうかがった若松の渡部先生に頼んでみるように致します。何といっても、この手を治してくださった大恩人なのですから」

そう言うと清作は、小林に深々とおじぎをして、顔をあげた。自分にはもう一人の父親がいることが、清作には嬉しくてたまらなかった。

「先生、これから、とことん精進を続けます。先生に恩返しをさせていただくつもりで、必死に勉強をいたします。渡部先生にご相談申しあげましたら、状況を必ず報告に参ります。先生、ほんとうにありがとうございます」

眼《まなこ》を和墨色に耀かせながら、清作は若松までの二十キロの道をもう駆け出していた。奔り出さずにはいられなかったのだ。「医者」という途方もないような夢を具現化させ、かなえていくために、力の限り尽くすことを磐梯山に誓いながら、清作は奔った。

磐梯山の水蒸気爆発で生じた泥流は猪苗代方面にもやってきて、大きな巨石を今に残している。「見禰の大石」とよばれる輝石安山岩の巨石は地上に露出した部分だけでも幅六・一メートル、長さ八・二メートル、高さ三メートルにも及んでいる。総重量が四百トンともいわれる巨石が、明治の磐梯山噴火の迫力とすごさを物語っている。

あの災害でも生かされた自分たちには、きっと生き続ける使命があるのだ。今日があることは決して当たり前などではない。――どれほどの奇蹟が重なって、今こうしてこの時を過ごすことができているのだろうかと、清作は会陽医院の待合室で思った。

一八五八（安政五）年、儒学者で漢方医でもあった渡部思斎の長男として生まれた渡部鼎は、父親の興した私塾「研幾堂」で学んだ。この塾には後にアダム・スミスの『国富論』を翻訳する石川瑛作もいた。同い歳の二人は、お互いに競いながら勉学に励んだ。

この塾からはすでにアメリカへの留学生も出ていた。彼らに刺激を受けた渡部は、一八七三（明治六）年に兄弟子を頼って上京。横浜の高島英学校で福沢諭吉らから授業を受けている。このころ、父思斎が、「世界じゅうに自らが学び得たものを活かし、広められるようがんばれ」という一文を寄稿していた新聞を読んだ渡部は、父と同じように医学の道を志す気持ちを固めていた。

一八八七（明治二十）年に渡米し、カリフォルニア大学医学部に入学した渡部は卒業後、サンフランシスコで開業医として医院を経営する。やがて父の訃報に接し、一八九〇年に帰国。清作が左手の手術を受けたのは、帰国してから二年後のことだった。

こうしたアメリカでの体験をしてきた渡部と、入院中、清作はいろいろな話をした。最新の医学に感動した清作は、海を渡って尽力してきた渡部への畏敬と憧憬の気持ちを抱いた。そして自分の未来に思いを馳せ、渡部のもとで書生となりたいと懇願した。

向上心に満ち溢れた少年が、頭を下げて熱心に頼み込んできたため、渡部は、二つ返事で清作を書生として受け入れることにしたのだった。

「よし、わかった。ここに来るがいい」

清作は承諾されたことを歓んでわが家に舞い戻っていった。暗中模索だった自らの運命に、希望の光がもたらされたのだ。

自分は医者になる。医者になって困っている人たちを一生懸命に救うのだ。どんな弱い立場にいる人たちにもあたたかく接することのできる医者になることを、清作は夢見ていた。

新たな一歩の始まりを、母に、そして小林夫妻に報告できることが、清作にはほんとうに嬉しかった。

「渡部先生のもとで、書生としてしっかり働き、寸暇を惜しんで勉学に励もうと思っております。医者になることができた暁には、ご恩をしっかりお返しできるよう、さらに精進いたします」

清作がそう報告をすると、母も小林夫妻も心から喜んでくれた。皆は、清作が思い描いた夢を実現させることを信じていた。

小林は「人間万事塞翁が馬」の話を清作にした。

一見、わざわいに見えることでも、それによって、鍛えられたり、大事なものを得られることもある。どんな苦労も、長い歳月の単位で見たときには、おのれを磨きあげるために必要となるはずだ。

他者を欺かず、正直に、誠実に歩んでいけば、きっと道は開けてくる。真摯な魂を、天は決して見捨てることはしないだろうから、と小林は清作にはなむけの言葉を贈った。

小林栄もシカ同様、この地域に生きる一人の人間として、観音さまや神仏のご加護を信じて生きている人だった。

苦労につぐ苦労をかけた母に歓喜がもたらされるまで、とにかく誠実に勉強に励もう。立派な人間となり、しっかり働いて、世の中に尽くすのだ――清作は渡部鼎が手術してくれた左手を見ながら、自分が多くの人たちに支えられていることを忘れずに、謙虚に励もうと決意を新たにするのだった。あんなに嫌で仕方なかった左手が、いつしか自分の運命を切り拓くきっかけとなってくれた。

医学のすばらしさで、以前の自分のように悲しい思いをしている人たちを助けるのだ。身体の苦痛はもちろん、心の痛みなど、どんな痛みや悲しみも取り除くことができるような医者になるのだ、と清作は思った。

そのためには精進し、立派な医者になりたい。よし、出発だ――そう思いながら仰ぐのは、やはり磐梯山の頂きだった。

会津若松に旅立つ日の朝、清作は幼い弟清三にそっと、

「母ちゃんやみんなを頼むぞ」

と伝えた。

「男のおまえが頼りだからな」

「テンボー、テンボー」と悪童たちから罵られた少年が今、磐梯山に見護られて、新たな道を歩み出そうとしている。

シカは嬉しくて嬉しくてたまらなかった。

何度も観音さまにお礼を言い、天を仰ぎ、大地に感謝をした。

周囲には、「テンボーの清作が医者になれるなら、お天道さまが西窪の愛宕山から昇るようになるだろうよ」と大笑いする人たちもいた。

けれども、他者から何を言われようが、シカはいちいち気にしていなかった。奥歯を嚙みしめ、こらえ、自分も負けるもんかという気持ちで、人のそしりすら力に換えていた。だれが何と言おうと、清作は必ずやり遂げる男だ。

立派な医者になって人々に尽くす清作の姿を、シカははっきりと脳裏に思い描いていた。観音さまのご加護があるから大丈夫だ。きっと立派に一人前の医者になって、みんなに尽くしてくれるに違いない。

「清作……」

母は祈るような気持ちで、清作の両足のわらじの結び目を見つめていた。

清作が若松に旅立っていったのは、一八九三（明治二十六）年の五月、清作が十七歳のときだった。

水が温みを増しはじめた猪苗代湖。

紫に彩られた暁の天空にそびえている磐梯山。

青い麦田の畔道には、さまざまな野草が春を謳歌している。

たんぽぽの黄色が眼《まなこ》に眩しく、黒土の畑ではミミズも地球の竜のごとく這い廻っていた。大地の音符のような蟻が自らの体よりも大きな荷物を春風に揺られながら運び続けている。

そんな春の乾坤《けんこん》に今、雲雀が天へと舞い昇っていった。天と大地とを繋ぎながら、羽ばたいてゆく、雲雀。

土壌を寛《ゆた》かにしてくれているものは、決して農家の鍬仕事だけではないことを知っているシカは、これまでの日々が清作のこれからにとって、穣《ゆた》かな肥やしとなることを願っていた。

祈るような気持ちで、春の野草の薫りの中で旅立つ息子のふくらはぎをシカは見つめた。

何があっても、この大地で逞しく生き抜いてほしい。ここから踏み出していく清作の足跡こそが、希望の音符となってゆくことを恩師の小林も祈るのだった。

清作はそんな母たちの思いをしっかり受け取り、「行ってまいります」と新たな歩を踏み出した。

手を振る清作の後ろ姿を眺めながら、母は涙がこぼれないように空を仰いだ。立派に今日の日を迎えてくれた、よくぞここまでやってきてくれた——そんな思いだった。

一方の清作も、さりげなく元気に歩きはじめながら、涙をこらえていた。

いよいよ出発だ。ここから始まる日々を恩師や母たちへの贈りものとするのだ。目標が生まれ、自身の道がしっかりと思い描かれたここからが、自分の人生の本番だと思っていた。これまで以上にしっかりと精進をして、どんなことがあっても絶対に親孝行をしていく。少しでも早く母に楽をさせたい。

座敷袴やまちだか、ふんぐみ、さる袴など、シカはこれまで清作が着ていた袴の姿を順番に思い返していた。大きくなった、大きくなった。天を仰ぎながら、シカは眼を細めた。

「清作、人生はこれからだ。お前たちのために、この母もまだまだどんどん働いてゆくから、安心して勉強に励んでおくれ」

旅立つ息子の背中に、母は無言で語りかけた。

うしろ姿を見送った後、シカも磐梯山を仰いだ。心の中でいつもどおりに手を合わせると、シカは両手で腰をたたき、さあもう一仕事だ、と深呼吸をした。

清作の出発は、シカにとっても新たな出発なのだった。

お天道さまがこうして空に昇るかぎり、今日も働かせていただく。元気に働くことのできる体力、気力があることがとても嬉しい。

シカは大地にも感謝をして、再び畑仕事に精を出すのだった。

このころのシカの様子を、清作の恩師である小林栄はこんな短歌に綴っている。

鍬を取り朝な夕なに野に出でて尽くすは君のみ為なりけり
雨の日も雪の朝《あした》もたゆみなく子ゆゑにつくす親心かな

第二章　少女シカ

祖母ミツとの二人暮らし

「起き上がり小法師」とよばれる小さな郷土玩具が会津にある。この地方に古くから伝わる縁起物だ。何度転んでも起き上がり、立ち上がる玩具。手のひらに乗るほどの小さなもので、現在でもこの地域の人々に愛され、毎年一月十日の縁日には家族の人数分プラス一個を購入する風習がある。購入したものは一年間、神棚に飾られ、無病息災や家内安全が祈願される。ひとつ多く購入するのは、家族が増えることを願っての昔からの習慣だった。

子どもの厄除け、子育ての縁起物として名高い、牛をかたどった「赤べこ」とともにこの地域では広く、時代を越えて親しまれている。

この「起き上がり小法師」を日に何度も見つめる少女がいた。

一八五三（嘉永六）年九月十六日に猪苗代郷の翁島村で生まれた少女だ。この少女が母となってから、恩人として慕うことになる小林栄は、少女のことを、こんなふうに書き綴っている。

福島県猪苗代郷の翁島村字三城潟は磐梯山の南、猪苗代湖の北岸にある極めて静かな寒村である。磐梯山へは約一里、大湖へは数町、山水の風景は得も言われぬところである。元の有栖川宮殿下のご経営遊ばされた長浜のご別邸は十数町の近くである。部落凡《およ》そ三十戸、皆農を以て業とした。

当時村内第一の破屋と申せば、少女の家であることは皆人の知るところであった。屋内の壁は至るところ破れて、居ながらに日月を見るべく、屋根は崩れ、雨は漏り、風は吹き込む荒屋であった。

そのころ、父は農事に堪えない弱い身体であったから、武家奉公に出て居り、母は我儘者で貧苦のために家出をし、可憐な少女は腰の曲がった小さな体の祖母と二人暮らしをしていた。祖母は村にある茶屋の小使となり、村を去る一里十余町の猪苗代町から三升の酒を背負って、雨の降る日も雪の日も休むことなく、その日その日の暮らしを立てて居った。……

(『野口博士母堂小伝』)

この少女こそ、清作の母であるシカなのだった。

幼心に、シカは祖母が必死で働き、自分を育ててくれていることをわかっていた。ミツという名の祖母。ミツはなぜこんなにも一生懸命に働かなくてはならないのだろう。自分はなぜ父や母と一緒に暮らすことができないのだろう。

シカは、とてもさみしかった。寂しくて、淋しくて、ミツの帰りがおそいときなど、何度も家を飛び出して、近くの道まで探したことも一度や二度ではなかった。

あまりにもさみしくて、シカは何度かミツに母のことを聞いた。

そんなとき、ミツはいつもシカをぎゅっと抱きしめながら、

「そのうちに帰って来る」

と優しく語った。ミツはいつもそう言いながら、

「でも、シカは、ばあといっしょだからさみしくはないだろう。ばあはシカが大好きだ。一生懸命にシカをかわいがってあげるよ」

と言ってくれるのだった。

父親のことを聞いても、ミツは同じような返事をした。自分には両親がいないわけではないことをシカはわかっていた。

なぜ会えないのか。両親に抱きしめてもらった記憶がない、というのは三つや四つの幼児にとってとてもさみしいことだった。村の子どもたちが両親と手を繋いでいたり、仲良く歩いているのを見るのが、シカは羨ましくてたまらなかった。

そんなときは、いつもシカは一枚の古い着物を抱きしめた。ミツによれば、この着物はシカのお母さんのものだという。

貧しい生活なので、寝具の用意が十分ではない。だから、シカが風邪をひかないようにと、ミツはいつもシカの布団にさまざまな古着をかけてくれるのだった。

その中の一枚に母のものだと教えられていた着物があった。ミツは、この一枚をシカのために残しておいた。

さみしいときは、シカはいつもこの着物を抱きしめた。そして、くるまって眠った。この着物を抱いて寝ていれば、お母さんの夢を見られそうな気がした。

おかあさんはシカが嫌いなの？

おかあさん、今、どこにいるの。

なぜシカのところに会いに来てくれないの？

シカはもっともっといい子になるから、観音さま、どうかお母さんに会えますように。

どうかお母さんと一緒に暮らすことができますように。

シカはいつも観音さまにそうお願いをしていた。

そんなシカの寝顔を見るたびに、ミツは不憫でならなかった。街へ出稼ぎに行ったまま、帰らずに手紙もよこさない娘みさのわがままな振る舞いが悲しかった。

シカが生まれた頃は両親、祖父母の他に、曾祖父の清太郎も健在で、一緒に暮らしていた。けれども、天候に左右されやすい農業を営む家の多いこの部落は、貧しかった。シカが生まれた後は野口家も衰運となり、磐梯山の吹きおろしと猪苗代湖を渡ってくる寒い風が直接あたってしまうような家となっていた。そんな中、曾祖父の清太郎が病で亡くなり、続いて、祖父の岩吉が武家奉公に出た。農作業よりは給料取りの生活をせざるを得なかったのだ。

そのうち、貧しさに耐えかねた母みさが、事もあろうに町へ出稼ぎに行くと言って、シカを置いて、出て行ってしまった。さらにはシカの父・善之助も婿として居づらくなり、他郷へ奉公に行くこととなったのだった。善之助は近村の夷田村の渡部文蔵の長男だ。みさのところには二度目の婿として迎え入れられている。けれども、折り合いが悪かった女房に飛び出されてからは、さすがに居づらくなり、亀ヶ城の屋敷に武家奉公に出る道を選んでいた。(「日本大百科全書」)家とは名ばかりの、壁も崩れてしまっているわが家の状況では、現状を打破するためにはやむを得なかったのかもしれない。

そんな中、ミツは周囲に頼らずに自分が働いて、このかわいい孫娘を育て上げようと決意をしていた。どんなに苦労をしても、この子を養い通してみせる――ミツは自身にそう言い聞かせ、寄り添うように隣で眠った。

この地域の冬は長くて、厳しい。一晩で六十センチもの雪が積もることも珍しくはなかった。

一度降った雪は次から次へと積もっていき、あっというまに周囲の山々も田も真白く染め上げていく。年間に四、五か月は雪に埋もれてしまう土地柄だった。

そんな寒さの中で、「居ながらに日月を見るべく、屋根は崩れ、雨は漏り、風は吹き込む荒屋」に暮らしていたミツとシカ。祖母が働きに出ている間、一人残された孫はどれほど心細かっただろう。寒々とした夕方、ミツが帰って来た、と思って喜んで戸外に出てみると、違う人だった――そんな悲しみをいく度もシカは味わっていた。

それでも、シカはミツの言い聞かせを守って、努めて祖母を悲しませないようにしようと思うのだった。疲れて帰って来る祖母のために自分は何ができるのか、どんなことをすれば祖母の役にたてるのか――いつしかシカはそんなふうに思うようになっていた。


ミツはこの地域の人らしく、観音さまを信仰していた。正直に誠実に生きていけば、必ず、観音さまのご加護がある。その日暮らしとはいえ、今日も仕事ができ、孫と共に暮らすことができている幸せをミツは常に思うようにしていた。

幸い、地域の人たちも二人にはとてもよくしてくれた。

ある日、いつもどおり、一人ぼっちでシカが灰色の空から雪が降るのを見つめていると、突然、バリバリバリッ、と轟音がした。幼いシカの身体が吹き飛ばされてしまいそうなくらいの衝撃だった。

あまりの激しい振動に、驚いたシカが飛び出すと、物置状態になっている軒続きの馬小屋が、雪の重さで押し潰されていた。

予想外の出来事に、思わず声をあげて泣き叫ぶシカのところに、村の人たちが駆け寄って来た。このままでは母屋のほうも危ない。これまでも、いく度となく雪おろしを手伝ってくれた人たちだった。

「シカは安全な場所にいろ」

「のこぎりを持ってこい」

「みんなであの柱に綱をかけて引っ張ろう」

村人たちは、お互いに手分けをして、シカの家の母屋がつぶされてしまわないようにしてくれた。シカがたった一人で祖母の帰りを待っていることをよく知っている人たちだった。

「ありがとうございます、ありがとうございます」

泣きながらシカは、村人たちにお礼を言った。

いつか必ず、皆さまにご恩返しをしよう。どんな雪にも耐えられる丈夫な家をたてられるように、仕事に励んでいこう。

シカは幼心に自分が働くことで祖母に楽をさせたいと思うようになったのだった。

その日の夜、シカはミツに寄り添って泣いた。怖さと不安とさみしさと悲しみと——いろいろなものが交り合った涙だった。祖母は孫が九死に一生を得たことに感謝をしつつ、シカが泣きやむまで抱きしめてくれた。

やがて、シカはミツの眼の涙に気づくと、自身の涙ではなく、ミツの涙をまず先にぬぐおうとするのだった。シカはそんな少女だった。

「ばあちゃん、必ずシカがばあちゃんに家を建ててあげるね。丈夫な家を建てられるように、シカが働くからね」

孝行な孫娘は、そんなふうに祖母に宣言した。だが寒さに凍えそうになったところで、家の改修をする金がないこともシカにはわかっていた。

祖母は一生懸命に働いてくれている。朝早くから村の男たちにまじって、力仕事をしている。存分に働く祖母に、これ以上のわがままは言えない。

シカは近所の人に子守を頼まれると、歓んでするようになっていた。お礼にいただいた御駄賃や菓子は、決して一人占めせずに、必ずミツの帰りを待つのだった。

「ばあちゃん、お菓子一緒に食べよう」

ミツには、そんなシカが何よりの宝物だった。

シカには、祖母が最高の宝物だった。

それでも、両親が恋しくて、涙が溢れてしまうことがある。このままずっと、両親に会えないなんて、いやだ。溢れ出す涙をどうすることもできなくて、ミツに抱きつくこともあるシカだった。

どんなに疲れていても、ミツはシカをそっと抱きしめてくれた。泣きやんで眠りにつくまで、ミツはいつでも傍にいてくれた。

「ばあはずっとシカの味方だ」

寒さに凍えて、二人一緒に起きてしまったときにも、ミツは自身の体温で、シカの身体も心も温めようとした。曲がったことが嫌いなミツは、常に神仏を敬いながら、シカのために力を尽くしていた。

何度転んでも起き上がる――そんな「起き上がり小法師」を見つめながら、ミツとシカは、暮らしていたのだ。

ミツはシカが一人ではさみしいだろうからと、郷土玩具の「赤べこ」を与えたこともある。まっ赤な牛の愛嬌のある民芸品。自身が小さなころから親しんできた玩具だ。赤べこを歓ぶシカの笑顔を見ることでミツは英気を養い、奮起するのだった。

「できるかぎり長生きをしてこの子の父親代わりにも母親代わりにもなろう。観音さまが力を与えてくださる。精いっぱい働こう」

家族が揃っている農民でも、飢饉や不作などで苦しい思いをしている中、祖母と幼子は必死に二人きりで手をたずさえあって、励まし合いながら、暮らしていたのだった。

そんなある日、シカはどうしても父に会いたくなった。

「おシカの父親は、猪苗代の町の御城代さまの御屋敷にご奉公に出ている」

こんな噂を聞いて、シカは居ても立ってもいられなくなった。

「お父さんに会いたい。お父さん、お父さん」

幼いシカは父親に会いたい一心で、「猪苗代の町の御城代さまの御屋敷」を探そうと決意した。

「お父さんのいる御屋敷とはどこだろう。元気でいるのだろうか。自分の顔を忘れてしまっていないだろうか」

幼い心は父に会いたさと不安でぐるぐると渦巻き続けていた。そして、猪苗代の町の御城代さまの御屋敷にいる父のもとをめざすことにしたのだった。

若松の城は会津藩主・松平容保の居城だ。徳川時代末期の動乱の中、京都守護の大任にあたった会津藩の悲劇は今でも語り継がれている。だれよりも忠義を尽くそうとしたがゆえに、動乱の真っ只中で翻弄されてしまった悲しみ。

シカはただ、一人ぼっちがさみしくて、会いたさゆえに六キロもの道のりを歩き続けたのだった。

城の付近には、士分の人たちが住む多くの御屋敷があった。そこに、まだ幼いシカがたったひとりで父を捜してやってきたのだ。屋敷町の人々は、幼いシカが一人でいるのを見て、物乞いの子どもだと思った。

屋敷町のあちこちをうろうろする少女に、ひときわ大きな屋敷の門番は何事かと尋ねた。

突然、見ず知らずのおとなから話しかけられて、シカはびっくりした。

「お父さんに会いたくて、捜して歩いてきた」ということを、シカはとっさには口に出せなかった。それでも、幼いなりに勇気を振り絞って、シカは門番に尋ねてみるのだった。

「この御屋敷に善之助という人はいますか。私は父の善之助に会いたくて、三城潟から歩いてきました」

少女が緊張しながらそう言うと、今度は門番が驚いてしまった。少女の言った土地からここまでは約一里半もある。そんな道のりを、この幼子がたった一人で、父を求めて、歩いて来たというのか。

門番は少女の顔をまざまざと見つめた。少女は思いがけず門番の顔が近くにあって、緊張した。

門番はシカの顔を覗き込むと、ふっと息をもらし、

「三城潟から奉公に来た清助どんに聞けばなにかわかるかもしれない」

と、笑顔を見せてくれた。こんな幼子が、たった一人で父を訪ねてくるとはどのような事情があるのだろう、と門番は考えた。少女は、

「小さなころに父と別れたので、顔もよく知りません」

という。聡明な少女の受け答えは、嘘を言っているようには思えない。

門番は、清助が帰って来るまで、少女を待たせた。父善之助は清助を名のって奉公していたことを門番は知らなかった。

やがて、こういう少女が訪ねてきたという話が御城代の奥方のもとに届くと、

「ぜひこちらに招き入れよ」

と、御沙汰が下った。父を慕ってたった一人でやってくる思いはいかほどだっただろう。それを思った奥方がシカを呼び、菓子を与えて、慰めたのだった。

驚いたのは、帰ってきた父親の善之助だ。わが娘がまったく初めての道を一人で覚束なく歩いてきたと知って、善之助はシカを抱きしめずにはいられなかった。

「よく来てくれた。ほんとうはとっつぁもシカに会いたかった」

父の眼からは涙があふれ出し、奥方にくわしい事情の話すのだった。

シカは涙で何も言うことができず、ただ父親の胸に顔をうずめた。

「よかった。とっつぁはシカのことが嫌いなわけではなかった」

父の胸で、少女は安堵していた。

シカの行動力に感心し、同情した奥方の情けによって、父はしばらく暇をもらうことができた。たった一人で来た行きとは違って、今度は父が手を引いてくれる帰り道だ。

シカは嬉しくてたまらなかった。その胸にも足にも腕にも抱きついて、父との帰り道を楽しんだ。シカにとって、人生で初めて体感する父親のぬくもりだった。

一方、自宅周辺では祖母のミツがあわてふためいていた。

シカがいない。大事な大事なシカがいない。シカはどこに行ってしまったのか。

昼になっても食事に戻らず探し歩き、日が暮れはじめていた。ミツは稲荷堂や長照寺にも行って、探し廻った。ミツの様子を見て、事態を察した人たちが、一緒に探し始めた。

「小さな子だからそんなに遠くへは行かないだろう」

「だれか見たものはいないか」

村の人たちは、悲嘆するミツを励まし、なぐさめながら一緒に周囲を探し歩いた。

やがて、シカを探す村人の輪が広がり始めたころ、北の畔道を抜けて、シカが男と手を繋いで戻ってきたのだった。二人が次第に近づくにつれ、その男がだれなのかがわかり始めると、ミツの眼には安堵の涙があふれ出た。

父親に手を引かれて、シカは嬉しそうに戻ってきた。初めて見せる甘えたシカの笑顔に、ミツは何とも言えない気持ちを抱いていた。

こんな幼子を何年もほおっておいた父親。けれども、そんな父に対してさえ、シカが見つめるまなざしには、これまで見たこともないような喜々とした耀きがたたえられていた。シカのこの笑顔を引き出せる人は、世界にたった二人だけなのかもしれないな、とミツは思った。

「おばあちゃん、ごめんなさい」

シカはまず、自分が一人で猪苗代まで行ったことを祖母に謝った。事前に相談しなかったためにミツや周囲が心配していたであろうことは、シカにも理解できた。周囲の人たちも状況がわかり、胸をなでおろした。

まさかこんなに幼い孫がたった一人で猪苗代まで向かうとは。

素直に謝るシカを、ミツはとても不憫に思い、

「もう二度とみんなに心配をかけてはならないよ」

と言って、全身で抱きしめるのだった。

隣では善之助もミツに深々と頭を下げていた。非難されることは覚悟の上で、善之助もミツのもとに戻ってきたのだ。

無言のままでいるミツの気持ちを代弁するかのように、村人の一人が、ミツの家の馬小屋が雪で押しつぶされてしまったことを伝えた。

男手がまったくない中で、ミツがどれほど苦労をして、シカに毎日食べさせていたか。ミツが語らずとも、周囲が代わる代わる善之助に、幼い孫を抱えたミツの苦労のほどを説き続けたのだった。

けれども、それでも、シカが父親を見つめるまなざしがとても嬉しそうなために、周囲は次第に言葉を慎むようになった。どんな父親でも、シカにとってはたった一人の父親なのだ。父親が責められるたび、心優しいシカは、まるで自分が責められたような表情となってしまうのだった。

戻ってきてからも善之助は体が丈夫でなかったために、農業には従事できず、知り合いの家に手伝いに行ったり、農繁期には臨時で雇われたりしながら、家計の足しになろうと努めた。けれども、賃金は十分なものではなく、ミツは相変わらず、休みなく三升の酒樽を背負って、村の茶屋の買い出しの仕事をしていた。

それでも、父親が一緒にいてくれるというだけで、シカはほんとうに幸せだった。自分にも祖母の手伝いをしようと、何くれとなく家事をおこない、一家の力になろうとしていた。

父が戻ってから数か月が経ったある日、祖母を待つ夕暮れ、シカは茜色の空に浮かぶ雲を眺めながら、ある決心をしていた。

奉公

年老いた祖母が毎日毎日働いてくれているおかげで今日も暮らすことができる。どうしたら祖母の力になれるのか。

以前、裏の藤平のおばさんが病気だったとき、シカは子守を数日頼まれたことがあった。幼いながらも、小さな赤ん坊を背負ってあやすシカ。そのとき、子守がたいへん上手だとほめてもらった。

吉田屋のお姉さんが若松に行くと言って、子守を頼まれたときにも、シカはしっかりと務めを果たし、大きな子どもよりもうまいねと御駄賃をもらった。

子守の奉公なら今の自分にもできるのではないか——シカはそんなふうに考えた。

そのころ、父親が再び、猪苗代の御城代屋敷へと戻ることになり、祖母ミツと二人だけの生活がまたはじまった。負担の重くなったミツは、過労に過労が重なり、立ったり坐ったり歩いたりするのに腰が激しく痛むようになっていた。

当初は一時の体調不良だと思っていたものの、いっこうによくならない。その日暮らしの生活では薬を買うことも養生することもできず、ミツはこれまでどおりに仕事を続けていた。

ところが、予想以上に病状は悪しく、遂には仕事を休む日も増えていった。もうおばあさんにだけ苦しい思いをさせるわけにはいかない。ミツの代わりに自分が働こうと幼いシカは思ったのだ。

意を決したシカは、ある日、自身の思いをミツに話してみた。

「おばあさん、私を子守奉公に出してください。どこでも一生懸命に働きますから。二瓶さんのところで、ちょうど定助おじいさんがだれか子守がほしいと探しているそうです」

心優しいシカの思いがけない申し出に、ミツは驚いた。思わず、目頭が熱くなるのを堪《こら》えつつ、「ありがとう、シカ」とだけ言った。

けれども、祖母はそれを認めはしなかった。想いはありがたいと感じつつも、おかみさんがたいへん厳しくて有名な二瓶家は子どもに務められるようなところではないと思っていたのだ。

「シカはとてもしっかりしているということは、私が一番よく知っているよ」

ミツはシカに優しく語りかけた。

「それでも、他人さまの家に入るということは簡単なことではない。ときには、つらい思いもたくさんしなくてはならない。あそこのうちは子どもには無理だ。大人にも務まらないのだから……。おばあちゃんは大事なシカにそんな思いをさせたくないよ」

ミツはシカの眼を見ながら、聞かせた。

苦しい家計を理解した上で、シカが訴えているということはとてもよくわかっている。それでも、あの家だけはやめたほうがいい。近所でもつらいと評判のところだったからだ。二瓶新七は村内でも有数の百姓だったけれど、とにかくおかみさんが悪名高かった。これまで雇われた人たちはほとんど辛抱できず、長続きする者はいなかったという噂はミツの耳に届いていた。

そこにこんなに幼い子を送り出すことなど、ミツにはできなかった。

シカの心を知ったミツは、自らがきちんと養生して体を直し、シカに決して心配をさせないよう、さらに働こうと思っていた。

正直に誠実に生きていたら、きっと観音さまが助けてくださる。まっとうにまっとうに正しい道を歩んでいこうとミツは決意を新たにしていた。

そんなミツの気持ちを知らないシカは、持ち前の信念と行動力で再び周囲を驚かせた。自ら、二瓶家に出向き、「私を子守奉公に使ってください」と願い出たのだ。

二瓶家でも、幼いシカがしっかり者だという評判は耳に入っている。けれども、こんな幼い子どもに務まるのだろうか、という思いをもったものの、ひとりで出向いてきた七歳の少女の思いの深さには感じ入るものがあった。

二瓶家ではシカに子守奉公の仕事を与えた。ミツは驚いたが、シカがそこまでするのならと、認めることにした。

たとえシカでも、数日で音をあげることは間違いない。一応はシカの気持ちを尊重し、理解をして、彼女の思い通りにさせてやろうとミツは考えたのだった。

翌朝からさっそく、シカは奉公に出た。

ミツが心配したとおり、おかみさんはたいへん厳しい人だった。

「いいかい、子どもだからといって絶対に手加減はしないよ。箒が倒れているじゃないか。お前は言われないと気付かないような子なのか」

「囲炉裏の湯が沸いていることくらいわからないのか」

「自分のものだけでなく、他の人の履物も全て揃えておきなさい」

おかみさんはまったく容赦なくシカを叱り、怒鳴った。

それでもシカは、歯をくいしばって耐えた。

自分が働かなくては、祖母の薬を買ってあげることができないのだ。祖母に元気になってほしい。少しでも元気になるような食べ物を買ってあげられるようにしたい……。

そんなシカを、おかみさんは容赦なく使った。台所の手伝いや百姓仕事だけでなく、夜なべ仕事で草履づくりもさせた。

さすがのシカも、苦しくて、さみしくて、裏の田圃で一人、泣いてしまうこともあった。け

郵便はがき

おそれいりますが切手をおはりください。

101-0052

東京都千代田区神田小川町3-24

白水社 行

購読申込書

■ご注文の書籍はご指定の書店にお届けします．なお，直送をご希望の場合は冊数に関係なく送料300円をご負担願います．

書名	本体価格	部数

★価格は税抜きです

(ふりがな)

お名前　(Tel.　)

ご住所　(〒　)

ご指定書店名（必ずご記入ください）	取次	（この欄は小社で記入いたします）
Tel.		

『野口英世の母シカ』について	(8349)

■その他小社出版物についてのご意見・ご感想もお書きください。

■あなたのコメントを広告やホームページ等で紹介してもよろしいですか？
1. はい（お名前は掲載しません。紹介させていただいた方には粗品を進呈します）　2. いいえ

ご住所	〒　　電話（　　）		
（ふりがな） お名前	（　　歳） 1. 男　2. 女		
ご職業または学校名		お求めの書店名	

■この本を何でお知りになりましたか？
1. 新聞広告（朝日・毎日・読売・日経・他（　　））
2. 雑誌広告（雑誌名　　）
3. 書評（新聞または雑誌名　　）　4.《白水社の本棚》を見て
5. 店頭で見て　6. 白水社のホームページを見て　7. その他（　　）

■お買い求めの動機は？
1. 著者・翻訳者に関心があるので　2. タイトルに引かれて　3. 帯の文章を読んで
4. 広告を見て　5. 装丁が良かったので　6. その他（　　）

■出版案内ご入用の方はご希望のものに印をおつけください。
1. 白水社ブックカタログ　2. 新書カタログ　3. 辞典・語学書カタログ
4. パブリッシャーズ・レビュー《白水社の本棚》（新刊案内／1・4・7・10月刊）

※ご記入いただいた個人情報は、ご希望のあった目録などの送付、また今後の本作りの参考にさせていただく以外の目的で使用することはありません。なお書店を指定して書籍を注文された場合は、お名前・ご住所・お電話番号をご指定書店に連絡させていただきます。

れども、あんな体調で祖母も仕事をしているのだ。

シカは、働くミツの顔を思い浮かべては、弱音を吐かなかった。ミツを安心させるために、家では務めて笑顔で振る舞った。

次第にシカは、ひとつひとつの奉公の仕事が自らのためになるのだと思うようになった。草履のつくりかたはもちろん、藁仕事まで覚えられるなんて、とてもありがたいことだ。百姓仕事も教えてもらえる。礼儀作法を学ぶこともできる。

自宅に戻れば、ミツの手だすけもしながら、シカは決して二瓶家で叱られた話などしなかった。いっさい不平を言わずに、いつもミツに「皆さまが親切にしてくださります」と語るのだった。

ときに主人の用事で他家に使いに行くと、シカは菓子や御駄賃をもらうことがあった。けれども、それを決して食べずにシカは家に持ち帰り、祖母と分け合うことを常としていた。

この家での奉公が続かなかった男衆は、シカがつらい思いで、奉公先で仕事をしていることをとてもよくわかっていた。子どもが夜なべ仕事までさせられているのを、見て見ぬ振りができない出入りの人たちもいただろう。当然、こうした評判はミツの耳にも入る。

それでも、幼いシカが家ではまったくそんなそぶりも見せなかったから、ミツはシカの言うままを信じていたのだった。

「あそこの家はとにかく仕事量が多い。すべてをいちいち聞いていたら決して身が持たない」

とささやく人たちの声を気にしつつも、ミツは帰宅後もかいがいしく働いてくれるシカの言葉を信じたかった。

やがて、シカの奉公も一年以上が経過したころ、長年の無理がたたったミツはいよいよ身体が動かなくなりつつあった。寝たきり状態に近くなったミツのために、シカは奉公先の時間が少しでも空くと、介抱のために自宅に戻るのだった。

介護のために、シカはいく度となく主人から、五文、十文と借り、薬を購入して祖母に飲ませた。自分をここまで育てるために、懸命に仕事をし続けてくれた、世界で一番大好きな祖母だ。

早く元気になって、長生きしてほしい。シカは祖母のために、つらい仕事も耐え抜いていたのだった。

ミツはミツで、観音さまにシカの多幸を願い続けていた。自分の老い先が短くとも、シカが幸せならばそれでいい。身体が十分に動くことができなくなってからも、ミツは懸命にシカのことを観音さまにお頼み申し上げていた。

この地域の秋は短い。秋が深まると、長い冬の前にしておくことがある。

夜の間に降り積もった雪のために、門戸が開かなくなってしまうことも一度や二度ではなかった。そんな寒さの中で耐えなくてはならないミツのために、一生懸命働こう。

シカは朝まだ早いうちから、膝行袴《たっつけ》姿で真っ白い息を吐きながら、寒さの中を歩くのだった。

医者に見せることができたら、どんなにいいだろう。医者を呼ぶことはできなくても、せめて薬だけでもと思い、シカは奉公先に返済計画を示して、お金を借りたのだった。

シカは祖母のために働きに働いた。祖母が元気になることが何よりの歓びだったのだ。

こんな幼い子がここまでして働く姿を、あのわがままで身勝手な母親みさに見せてやりたいとミツは心から思っていた。本来なら、親に甘えて遊びたい盛りに、ここまでして働かなくてはならないシカの境遇を思った。働きに出るシカを見送った後、ミツはいく度となく涙を流した。

寒風が吹きすさぶある日、奉公先では、周囲の人が囲炉裏を囲んで藁仕事や針仕事をする中、シカだけは火のそばに寄せてもらえなかった。当初、皆と一緒に炉端のすみで作業をしていると、おかみさんが、

「若いもんが何をやっている。火にあたりながら仕事をするなんてあるか」

と声を荒げるのだった。

指先の感覚がなくなってしまったため、シカは火のある場所の端っこで作業をしていたにもかかわらず、怒鳴られてしまったのだ。

シカはお詫びの言葉を言うと、一人離れて納屋奥へと向かった。

「寒さで指が凍えたら、井戸端に行って、井戸がわの木に手をぶつけてみるがいい。そうすればいつのまにか手はあたたかくなる」

おかみさんは出ていくシカにそう言った。

納屋奥で草履をつくっていると、手先がすっかり冷え切ってしまって、指がまったく動かなくなってしまった。シカはおかみさんから言われたとおりに手をあたたかくする方法を試してみた。

すると、ほんとうに手先があたたまって、指先が再び動くようになった。おかみさんにいいことを教わった、とシカはそののち、寒さで手が冷え切ってしまったときにはきまってこの方法を試してみることにした。

そんなシカの健気なふるまいを、おかみさんも見ていないわけではなかった。

「この子には見どころがある」

いつしかおかみさんもシカを認め、シカの良さを他人に吹聴するようになった。

ますますシカは、一生懸命に働いた。どんな体験も、させてもらえることがありがたい。怒られても、そこから得られるものがある。つらさやしんどさも自分を鍛えてくれる〝たからもの〟なのだとシカは思うようにしていた。

この地域の農家では、倹約のためと炊事の手間を省くために餅団子をつくる習わしがあった。玄米を精米する際の屑米を挽いて粉にしたものをこねて作るのだ。この餅団子が当初、シカは苦手だったにもかかわらず、食べないのはわがままだと言われて、そのあとの食事を与えられないこともあった。

食事抜きでも、耐え忍んでシカは働いた。祖母の薬代を用立ててもらっているかぎり、どんな苦労も厭わずに耐え抜こう、と少女は働き続けたのだった。

一人ぼっちのときに涙が出てしまうことがあっても、人前では決して泣かないようにしていた。

ミツのためなら、どこまでもがんばれる——ミツを支えることが、シカの最大の活力と忍耐力になっているのだった。

シカのたったひとつの夢——それは祖母が元気になって、父母とも一緒に家族仲良く暮らすこと。シカはやせ衰えていく祖母の手をいつも握り、祖母を毎日励まし続けていた。

祖母の死

そんなシカのことを村の人々はあたたかく見守ってくれた。

このころ、村には千手院法印鵜浦寿康という人がいた。学識もあり、地域の人々から尊敬され、子どもたちの手習いの師匠役でもあった。

シカはある日、奉公の傍ら法印のもとを訪ね、「ぜひ文字をお教えください」と、丁寧にお願いした。この先ミツを助け、家を立て直していくためには、文字くらいは書けるようになっておく必要があると、シカは思っていた。

幼いシカが一人でやってきたことに驚きつつ、法印はシカに質問をした。

「おまえのことは噂で知っている。おばあさんを援《たす》けていて、とてもえらいと思う。子守から野良仕事、夜なべ仕事もしていることも聞き及んでいる。いつでも字を教えてあげるけれど、どうしてそんなふうに思うようになったんだい」

法印はシカの眼をまっすぐに見ながら、尋ねた。

「この先、祖母や家族を支えていくためには学問も必要だと思ったのです。たしかにいそがしいさなかですが、もしお手本を書いていただけたら、あいている時間に、盆の上に囲炉裏の灰を少し盛って、指で書こうと思います。紙や筆は買うことができませんが、幸い、灰はあるのでこの指で文字の練習をしてみます」

シカは自身の思いを正直に伝えた。法印は幼いシカの真剣な思いを受け取った。

「よし、わかった。手本を書いてあげよう。他にも学びたいことがあれば、いつでも遠慮なく来るがいい」

言葉で抱きしめるように、法印はシカにあたたかい言葉をかけた。

数日後、シカは手本を書いてもらい、文字の練習ができるようになった。

「毎晩毎晩、練習しましたから」

シカは笑顔で鵜浦に報告をした。

法印がシカの字を見ると、決してうまくはないが、シカの努力がとてもよくうかがえた。シカの文字を見て、法印は涙が出そうだった。

「シカはいい子だ、シカはいい子だ」

法印は何度もシカの頭をなでていた。

幼いシカの熱心さは大人にも穣《ゆた》かな学びを与えていた。裏表のない、勤勉さ。常に学ぼうとする謙虚さと向上心。苦労している境遇ではあっても、決して卑屈な人間でないのがすばらしいと、村の人たちは語り合うようになっていた。

シカに自らの後ろ姿を見せ続けたミツのすばらしさだと賞讃しつつ、病床のミツを心配する人たちもいた。

そんなある日、シカにとって、とうてい信じたくないことが起こってしまった。最愛のミツが病気で亡くなってしまったのだ。

こんなにいいおばあちゃんが、のんびりすることも許されないままに亡くなってしまうなんて……シカは認めたくなかった。もう何もできないほどに、シカは茫然としてしまった。悲しくて、悲しくて、毎日泣き続けた。

一年近く前から、父も帰って来ていたものの、ミツの容態を回復させられるまでには至らなかった。屋根は破れ、壁が崩れ落ちているのも放置せざるを得ない中、シカの必死の看病も実らなかった。

幼い自分が耐え忍ぶことができたのは、ミツに楽をさせてあげたいという思いからだった。その祖母がいなくなってしまったら、自分はいったいどうしたらいいのかと、シカは立ち上がれずに悲嘆にくれていた。

近所の人たちが心配して、代わる代わるシカを慰めた。慰めつつ、皆、涙でミツの死を悼んでくれたのだった。

どんなに多くの人たちが励ましてくれても、シカの涙は止まらなかった。祖母の遺骸《なきがら》のそばで、シカは声をあげてわんわんと泣き続けた。祖母と孫との二人三脚を知っている近所の人々は、シカの心を思って、胸が張り裂けそうだった。

シカの連日の悲嘆にくれた声を、どこからか揚げ雲雀も聞きつけ、シカの頭上を舞い飛んでくれていた。

シカは奉公先から金を借りて、祖母の葬式を務めた。

幼いシカは、ただただ祖母の冥福を心から祈り、観音さまに「おばあさまのことをどうぞよろしくお願い申し上げます。すばらしいおばあさまでした。これからもどうかおばあさまが観音さまのご加護が得られ続けますように」と、一生懸命に願うのだった。

ミツの死後も、シカは二瓶家での奉公を続けた。子どもを背負いながら、しょんぼりと歩むシカの姿を多くの人々が目撃している。ミツあってのシカで、シカあってのミツなのだった。

悲しくてどうしようもないときにも、見上げれば、磐梯山の上には星々が輝き続けていた。そこにはいつの日か、ミツが教えてくれた星座が、まるで祖母の笑顔のように空を彩ってくれていた。

「負けるな、シカ。おまえはばあの自慢の孫だ。ばあの死はおまえが一人前になるための贈りものだ。おまえなら必ず、乗り越えることができる。どこにいても、ばあはシカの味方だ。かわいいシカよ。たからもののシカよ。いつまでもいつまでも幸せでいておくれ」

星座たちはそんなふうに、シカに語りかけてくれているようだった。

そんなある日、シカは長照寺の住職のもとを訪ねた。波多野玄瑞――それが住職の名前だった。七十歳を越えた地元の名士であり、年の割にはとても元気な和尚さんだ。

ある日、本堂で読経をしていると少女がやって来て、「和尚さま、これを受け取ってください」と申し出たのだった。

賽銭だった。

「ぜひこれをお供えしてください」と言う少女の顔を、和尚はまざまざと見つめた。

「おばあさまは観音さまにとてもお世話になりましたから」

紙包には十数銭入っていた。

少女が包む額にしてはあまりにも大金だ。いそがしい奉公の身でありながら、ミツを思って懸命に貯めた金をシカは今、差し出そうとしているのだった。

和尚はびっくりした。

こんな子どもがいるのか。おミツさんはこの子をどれほど愛していたことか、と同情した。

「おばあさんはいつも言っていました。観音さまが守ってくれているのはとてもありがたいことだ、と。きっとおばあさんも喜んでくださると思います。私の体のことも案じてくださるだろうから、心配をかけないように、これからも丈夫で働けたらと願っています」

和尚は差し出された賽銭を、そのままシカの手に戻そうとした。シカがどんな暮らしをしているのかは、近隣のよしみでよくわかっている。

けれども、考え直し、和尚は差し返そうとした自らの手を引っ込めた。やはり、ここはシカの心を受け取ることにしたのだ。

「今日のこの心を忘れずにまごころを込めて正直に働いていたら、きっと幸せになる日も来るでしょう。しっかり励みなさい」

シカは、和尚の言葉にありがたく頷いた。

以後、シカは折に触れて、長照寺にお参りに行くようになった。祖母を敬うように、いつの日も手を合わせて観音さまを敬い仰ぐのだった。

シカは、観音さまに手を合わせているときには、いつも隣で祖母も祈ってくれるような気がしていた。

戊辰戦争

幼いころから、八年にもわたって奉公をしていた二瓶新七の家から暇をもらって帰ってきたのは、シカが十五のときだった。三日も続かないだろうと思われていたシカが八年にもわたって、二瓶家に尽くし続けたのだ。

ミツの野辺送りの費用、借金などを差し引くと、手元に残ったものはまったくなかった。それでもシカは、決して不平不満を言わなかった。

この八年間を経験できたことによって、自分には知識も体験も身に付いたのだ。寛《ゆた》かな財産となって、それがこれからの日々の糧となるだろう。それだけでも、十分にありがたい。

ここから新たな暮らしをはじめていけばいい。そう思って、シカは村の男たちにまじって、様々な仕事に積極的に励むのだった。農家の臨時の手伝いから、重たい荷物運びまで、シカは懸命に働いて新たな人生を立ちおこそうとしていた。


その間、母親みさがひょっこりと戻ってきた。まさに、ひょっこり、という表現がふさわしい帰宅だった。幼いころに子どもを見捨てて、家を出たわがままな母だ。すっかり荒み、行く宛をなくしての帰宅だった。

けれども、そんな母ではあっても、シカはとても歓んだ。これも観音さまのおかげだとシカは感謝をした。幼いころから、何度、お母さんが戻ってきますように、と祈っただろう。その願いが遂に聞き入れられたのだった。シカは祖母同様、母にも孝行を尽くして、今度は母のために働いた。

祖母を失ったシカにとって、身内である母親との再会がとにかく嬉しかったのだ。思いもかけず母と一緒に暮らせることになり、観音さまが願いをかなえてくれたのだと思った。そして、天国の祖父母にも、心から感謝をした。

無情だった母を許し、そんな母にも孝心を尽くすシカのことは村中の噂となり、代官所にも知られて、シカは古来稀に見る親孝行者として、褒美の金一封を賜ったこともある。

　そんな勤勉なシカの働きぶりをかって、奉公を頼んでくる人がいた。それが、隣家の二瓶橘吾だった。

　同じ二瓶という名でも、最初に奉公に出たところとは違って、この一家は慈しみ深くシカを迎え入れてくれた。隣人のよしみもあり、これまでにもいく度となく、シカ一家の世話をしてくれた人たちだ。

　二瓶橘吾は「おやかたさま」と部落の人々から慕われ、代々、部落の頭となっていた家筋だった。部落の人々とお上との間に立ち、常に人々のために尽くしてくれた村長でもあった。ミツが亡くなったときに、葬儀の手助けをしてくれたのもこの二瓶家の人々だった。恩をあげたらきりがない。

　そんな二瓶橘吾の家からの申し出だったため、シカはありがたく受け、祖母へのお礼とばかりに粉骨砕身働くのだった。庄屋だったこの家は豊かで大きく、シカ以外にもすでに作男もいて、農作業も忙しかった。

　こんなにも優しい方の家に奉公させてもらえるというのは、何とありがたいことだろう。

　新たな奉公先には、ぬくもりがあった。情にあふれた待遇に、シカは嬉し涙にくれることもあった。

一方で立派な隣家に働きに出てみて、シカは自分の家とのちがいに驚嘆していた。わが家の壁や屋根には穴があいて、中が丸見えだったのだ。ともに暮らす母のためにも、シカは、自身の手で家の修復をしたいと考えるようになっていた。

今のようなみじめな状況があらためて情けなく思えた。

一日の奉公を終えた後、さっそくその日の夜中から、シカは竹を削って作業した。休みの日には湖畔で葭を切り、野山に出て萱も集めて、必要な材料を少しずつ調達していった。そして、隣家の修理に来た職人たちに、主人の許可を得て、屋根の修繕などをしてもらったのだ。

赤土をこねて、自宅の壁を塗ったのはシカ自身だった。

こうしたひとつひとつの作業を積み重ねて、シカは二年をかけて、家の修繕をした。

地道に粘り強く、やり通すのがシカの性格だ。シカは、丁寧に丁寧に作業を続けることをまったく厭わなかった。

そんなシカが自宅に修繕を施していたころ、会津はたいへんな状態にあった。

時代は三百年続いた徳川幕府が終焉を迎えようという時期だ。

会津の藩主・松平容保は西国諸大名を抑えるために、京都守護職の大任をいただいていた。時代のうねりの中、賛否両論がある中での大任受諾だったけれど、義に篤い会津の人々は藩主の意を受け、勤勉に任務に励んだ。

近藤勇をはじめとする新撰組、幕府直参の旗本からなる市中見廻役とを使い分け、京都所司代の桑名藩主・松平定敬とともに活躍した会津の松平容保らの動きは勤王倒幕派の人々などから疎んじられ、京都では一触即発の状況となっていた。

こうした天下の情勢は故郷に暮らす人々にも伝えられ、藩に緊迫した事態が迫りつつあることを会津の人々も敏感に感じ取っていたのだった。

シカの父善之助はこのころ、会津藩士の諏訪武之助の仲間に雇われており、こうした時代状況の中で、主人とともに京都へ赴くこととなった。この時から、父は清太郎と名をあらためたのだった。

十五代将軍徳川慶喜によって大政奉還がおこなわれたのは、一八六七（慶応三）年十月十四日だ。十二月十二日には二条城を引き払って大坂城へと移ったものの、時勢を得た薩摩長州の進軍によって、会津藩も大坂へと引き上げなくてはならなくなった。

翌一八六八年は、明治と年号があらたまった年だ。その後、錦旗を奉じた薩摩長州土佐肥前によって、東征がおこなわれ、会津にも制裁が及ぼうとしていた。

「官軍が会津へ向かって進軍してくる」

こうした噂が部落をかけ廻っていたころ、会津では荷物をまとめて知人、縁者のもとへと去る人、山の麓へと逃げる人たちが続出した。働くことのできる男衆は藩主のために奉公にあがり、女子どもはいち早く、奥山へ逃げるのだ、という話がシカたちにも広がった。

シカは母とともに、主人である二瓶橘吾の家族と一緒に山のほうへと逃げ込んだ。二瓶橘吾は炭焼き小屋を四、五か所持っていた。二瓶家はこの小屋に分宿することにしたのだ。シカたちが時おり、山を下りて食料を調達した。

奥羽に寒さが忍び寄って来る一八六八（慶応四）年八月二十一日は、現在の十月だ。不慣れな雪の前に会津を落としたい新政府軍は、三千人もの兵を率いて母成峠を攻撃した。

こんな数の軍勢に攻撃されてはどうすることもできない。会津同盟軍の八百名はその日のうちに敗走を余儀なくされた。

翌日、会津城下には十五歳から六十歳までの男子は城に入るように、というお触れが出された。

そのころ、すでに新政府軍は亀ヶ城を落とし、猪苗代と会津城下とを結ぶ十六橋へと進軍していた。藩主である松平容保は自ら最前線で指揮を執ろうと滝沢本陣に向かった。

けれども、この十六橋もほどなくして奪われてしまった。次なる防衛の要所、戸ノ口原を破られては一気に会津城下に攻め込まれる――そう思った容保は、やむを得ず、予備兵だった白虎隊の半数を戸ノ口原の援軍に送るという苦渋の選択をするのだった。

そんな、ある日のこと。

本宮方面から攻めてきた官軍が鶴ヶ城攻略にかかり、その途中の街や部落をすべて焼き払うという噂が広がった。家々が焼き払われてはたいへんだ、とだれもが思う中、一人の女性が山を下り、たった一人で官軍の陣営を訪ねた。

「私たちの地域の者はだれひとり、官軍に反抗などしていません。家を焼かれては皆が困ってしまいます。生活できません。どうか皆を助けて、家を焼かないでくださいまし」

女性は命がけで隊長に嘆願し、よしと言われるまで、一歩も譲ろうとしなかった。隊長は女性に名前と年齢を尋ねた。

「十七歳の野口シカでございます」

十七歳だと聞いて、隊長は眼を丸くして驚いた。こんな若い娘が、村の人を救うために、単身で敵方の陣営まで乗りこんできたというのか。勇気あるこの女性の思いを受け入れ、隊長はシカにここを焼かないことを約束してくれた。

ところが、そののち、家々が燃えてしまった。

「隊長の嘘つき者!」

シカは再び、乗り込んだが、隊長は断じて焼いたおぼえはないと言って、部下に命じて消火させた。その結果、シカたちの部落はわずかに七軒が焼けただけで全滅を免れたのだった。

結局、この火は戦火によるものではなく、失火による火事が原因だと判明し、シカは隊長に心から詫びたのだった。

こうしたシカのあまりにも大胆な行動は、味方のみならず、敵をも驚嘆させた。

多くの命が失われた戊辰戦争で、こんな事実があったことは、この土地の人々にしか知られていなかったが、シカの行動は土地の人々にとって、忘れることのできない尊いものだった。

シカは、自分がいいことができたとしたら、それはすべて観音さまのおかげだと思っていた。観音さまや天国の祖母に恥ずかしくない生きかたをしたい。どんな状況下でも希望を持ち続けて、精いっぱい生きていくのだ。

この戊辰戦争で、会津藩士たちによる必死の籠城戦は一か月にも及んだ。最終的には白旗をあげたものの、食糧や弾薬が尽きたからではなく、米沢藩から「西軍が官軍だ」という知らせが正式にもたらされ、戦いを続けることができなくなってしまったのだった。

幕府や朝廷に対する義を何よりも重んじてきた会津の人たちが〝朝敵〟とされるのは、耐えられないことだった。

歴史の混乱期とはいえ、会津の人々が受けた理不尽さや苦悩は、語り継がれていくだろう。

会津藩の戦死者の遺体は当初、西軍によって埋葬することを許されなかった。その後、許可が出て、阿弥陀寺等に埋葬されたものの、あまりの多さに穴を掘って埋め終えることができず、土の上に遺体を積み重ね、最後に再び土をかぶせて埋葬されたのだった。柵に囲まれている石垣には、この盛土が、現在でも残されている。

「武士《もののふ》の猛《たけ》き心にくらぶれば数にも入らぬわが身なれども」――これは会津の女性・中野竹子の辞世の歌だ。城を護るために男衆のみならず、多くの会津の女性たちも城内に入って、戦った時代だった。

このような時代に、シカは会津で生きていたのだった。

身勝手な夫

やがて、戊辰戦争が終わり、人々は再び、これまでどおりの生活を取り戻そうとしていた。けれども、戦火によって傷ついたのは決して人間だけではなかった。田や畑も荒れ果て、凶作は二年にもわたって続いた。シカたちの暮らす部落も、若松も深刻な飢饉におそわれ、近隣はどこも似たような状況だった。そのため、どこも他から食糧を買い入れることができずにいた。路傍の青草まで奪い合うように食べる時代だった。

物価が上がり、日用品も不足して、物々交換しながらしのぐ日々が続いた。

シカもせっせと働いた。こんな時こそ、シカは天を仰ぎながら、精いっぱい今日を耕すのだった。奉公先の二瓶家も、よく働くシカに感心して、今までにも増して大事にしてくれた。

シカが借金を願い出たのは、このような時期だった。

「だんなさま、お願いごとがございます。わずかでもお金をお貸し頂けないでしょうか」

「必要なものなら、貸さないわけでもないけれど、何を考えているのだね」

シカは、商いの計画を主人に話した。

主人は、「このような戦後の状況で、私たちも苦しいけれど」と言って、シカにお金を貸してくれた。シカが「一生懸命、仕事をして必ずお返ししますので」と話す言葉を信じたのだった。

シカはその信頼を長年の奉公によって、得ていた。

その日、自宅に戻ると、シカは借りたお金をまず観音さまにそのままお供えした。心を込めて、手を合わせ、新たな挑戦に関して報告した。

翌朝からすぐに動き出すのが、シカだ。シカがやろうと思っていたのは、現在のマッチにあたる「附木《つけぎ》」を販売することだった。

薄い木片の端に硫黄が付けてある。この硫黄に火打石で打って火をつける附木は、地方の農家や一般家庭の必需品だった。

猪苗代町から磐梯山に登る途中に見彌山がある。この西北にあたる赤埴山の沼の平一帯から硫黄が出ていた。ここは当時あまり知られておらず、シカはこの硫黄をつけた附木を、需要の多い若松で行商しようと考えていたのだった。

附木の仕入値は安いため、資本金は少なくてすむ。さらに重くないため、大量に運ぶこともできる。見彌山までの往復十二キロ以上、それを背負い、さらに若松までを十六キロを歩くことになる。決してたやすい行程ではないけれど、七歳のころから働き続けてきたシカはやり遂げようと決意していた。

そして、シカの思ったとおり、生活必需品であるこの附木の商いは大成功した。シカはただ売るだけではなく、帰りには食料品や日用品も仕入れて、村まで戻ってきた。

「おかげさまでお借りしたお金をすべてお返しできます」

シカはそう言って、数か月後にはすっかり返済し、主人から褒められたのだった。日々、奉公し、働き続けてきたからこそ得られた、実感にあふれた商いで、多くの人々が困っているときにも、シカたちは飢えることなく、食べ続けていられたのだ。

とてもありがたいことだった。

自ら進んで働き、地道に動くことを厭わないシカの働きぶりを、奉公先の主人である二瓶橘吾はとても高く評価していた。

そんな主人夫妻の世話で、シカはついに婿養子を迎えることになった。一八七二（明治五）年のことだ。

シカはすでに二十歳となっていた。

十五、六歳で結婚することも多かった時代、二十歳での婚姻は遅すぎるくらいだった。二瓶家に出入りする人からの紹介で、村から一里（約四キロ）ほど離れた、小平潟村の小檜山惣平の長男・佐代助がシカの結婚相手だった。

佐代助は一八五一（嘉永四）年一月十一日生まれ、シカよりも二歳年上だった。

みとせ経てをりをり見ゆる布引を今日たちそめていつかきて見ん
みぬ人に何とや云はんいははしの猪苗代なるみづうみの空

この二首は、戦国時代の連歌師・猪苗代兼載の歌だ。

一四五二（享徳元）年会津に生まれた兼載は十九歳で連歌師の教えを受け、宗祇とともに連歌の最盛期を創り出した人として知られる。兼載は小平潟出身で、この地域は学問も盛んなところだった。佐代助はここで生まれ、草書も書くことができていた。

これまでのシカの苦労を知っている人たちは皆、シカの婚姻を祝福してくれた。貧しさにあえぎ続けた日々を経て、遂に結婚をしたシカを周囲の人たちは笑顔で寿いでくれたのだった。

これでシカも楽になる。これでシカも幸せになれるだろうよ、と。

シカ自身、夫の佐代助を一家の大黒柱として、ともに力を合わせて働いていこうと、希望を抱いていた。

これまでとは違う、新たな日々が始まる。皆で、野口家の再興を果たしていくのだという思いをこれまで以上にもっていた。

ところが、実際に暮らしてみると、佐代助は人はよいものの、朝起きても酒、外でも酒、と酒に呑まれたような男だった。家の生活がどのような状況だろうが、いっこうに酒を止めることのできない意志の弱さがあった。

かつて、十代で戦争に駆り出された際、恐怖心を紛らわせるために呑み始めた酒が佐代助の人生を、まるごとアルコール漬けにしてしまったのだ。

決して暴力をふるうようなことはなかったものの、酒代ほしさにシカが稼いだ分にまで手を出してしまうのだった。働きに働いて、せっかく稼いでも、夫に使われてゆくさみしさ。夫は、自ら日雇いで稼いだ賃金も帰る途中で酒代にしてしまい、酔っ払って道端で酔いつぶれて寝ていることも一度や二度ではなかった。

シカは悲しい気持ちで、夫を家まで連れ戻す。村の人たちに対して、肩身の狭い思いをする羽目になってしまった。

さすがのシカも、悔しかった。悲しくて、いたたまれなかった。涙ながらに夫に懇願したこともあった。

「おシカさんがあんなに一生懸命働いているのに、この呑兵衛は身勝手でいい気なもんだ」

村の人たちは、そんな佐代助をあざけり笑った。シカが気の毒だと、心から憐れんだ。

やがて、酒だけでなく、佐代助は博打にも手を出すようになった。シカ一人の稼ぎで懸命に家族が暮らしていたところを、佐代助はついに野口家の貴重な田畑まで、借金の抵当に入れてしまったのだ。

あまりにもひどい、ご先祖さまに申し訳が立たないような状況に、シカは嘆き悲しんだ。けれども、一人の夫と添い遂げることが観音さまのこころにかなうものだと、シカは耐え忍んだ。

一八七四（明治七）年四月十八日に長女イヌが生まれてからも、夫の大酒呑みは変わらなかった。家に稼ぎを入れず、だらしない生活ぶりが続いた。乳飲み子を抱えながら、シカは夫に頼らずに自らが働いて大事なこの子どもを守り通していこう、育て抜いていこうと決意した。

こうなったら、私が子どものためにも働き抜くぞ――逆境をバネにしながら、またしてもシカは自らの爪先を未来へと向けたのだった。

大酒呑みの夫の生活ぶりは、一八七六（明治九）年十一月九日に長男が生まれても変わりはしなかった。周囲から、シカに同情する声がわきあがり、見かねた二瓶が佐代助を諭したこともあった。

「このままでは、おシカさんがあまりにもかわいそうだ。いつまで近所の笑い者になったら、気がすむのか」

二瓶家の主人は佐代助に直接、言い放った。けれども、暖簾に腕押しだった。

「すみません、旦那さん。ここで呑んでいることは内緒にしてください」

と、佐代助はろれつの廻らなくなった口調で懇願するのだった。

シカは歯を食いしばっていた。このような夫を持つのも、何かの縁なのだろうか。ありのままを受けとめよう。現実と逃げずに向き合おう。考えかたによっては、こんなに貧しい家に婿養子に来てくれただけでもありがたいのだ。

しかも、夫は娘や息子を授けてくれた。母になることができたのは、この夫がいてくれたからこそだった。自分には子どもたちがいる。たからものの子どもたちだ。

この子どもたちを手塩にかけて育てていくのだ――シカはどこまでも前向きに考えるようにしていた。いつまでも貧困のどん底にとどまってばかりはいられない。どんなに暗い夜でも、必ず朝は来てくれるのだ。暗さの向こうにある朝をシカは信じて、仕事や子育てに精を出すのだった。

二人の子どもの母親として、愚痴を言ってばかりはいられない。そんな時間があったら、奮起すべきだ。

わずかな田や畑を耕すだけでなく、少しでも金になればと、近所の農家にも手伝いに行って、田植えや草取りもした。日焼けして、毎日真っ黒になりながらも、かわいい子どもたちのために働き続けた。

畑仕事のみならず、自分の畑ばかりかよその畑も借りて作った里芋や大根等の野菜を背負って、猪苗代の町、さらには遠くの若松にも売りに出かけた。

春から夏は猪苗代湖等で小魚や小エビも獲り、これも売りに歩いた。

秋から冬にかけては干柿をつくり、長浜や戸の口、蟹沢方面にも出向いて売った。豆腐の販売にも勤しんだ。

それに加えて、夜中には藁仕事をした。長女のイヌが、母はいつ寝ているのだろうと不思議に思っていたほどだった。

長男である清作がやけどを負ってしまったときにも、シカはこんなふうに家のため、子どもたちのために、昼夜を問わず、働きに働いて家族の活路を見出そうとしていたのだった。

だれが、子どものやけどは母親の不注意などと責めることができるであろうか。

第三章　医学への道

会陽医院の書生

会津若松市のある会津盆地は、盆地床が「会津平」とよばれてきた。北の飯豊山地を越えれば米沢があり、東は猪苗代から奥羽山脈へと続いている。西の越後山脈を越えると越後平野があり、南には会津高原とよばれる山間地が広がっている。

江戸時代には会津藩の城下町として栄え、郷土料理の「こづゆ」は今でも地元の人々に親しまれている。

清作が、この若松町に渡部鼎が開業した会陽医院の書生になったのは、一八九三（明治二十六）年五月のことだった。左手の手術をしてくれた渡部のもとで書生となり、医学への道に踏み出そうと、清作は決意を新たにしていた。

書生となった今は会うことができなくても、眼を閉じれば、幼いころから働き続けている母の姿が脳裏に浮かぶ。

一日も早く楽をさせたい。こうして医学の道に進むことができたのは、母ばかりでなく、小林夫妻をはじめとした恩師、さらには手術費用を出し合ってくれた学友たちのおかげでもある。いただいたものを何倍にもして、地元や世の中に還元していくためにも、努力を惜しまずに全力で挑戦する。今日の尽力が、必ずや未来を構築していくと信じて、清作は書生時代を過ごしていた。渡部のもとで、必死に勉強をして、人生を耕そうとしていたのだった。

そんな清作の情熱を、渡部もとてもよく理解してくれた。

英語は当初、渡部が清作に教えていた。けれども、日清戦争が勃発し、渡部が三等軍医生として従軍することになると、清作は英語を若松の新横町鳥橋辺の和田僊吉に習いに行くようになった。会津藩士だった和田は、仙台の東北学院を出ており、数人の友人たちとともに清作はここで英語を習った。一日の睡眠時間を三時間にして勉学に励んだため、書生時代には、すでにカーライル伝やクライブ伝も英語で読めるようになっていた。

さらには独学でドイツ語も学び、医学の原書も読めるようになった。その上、この地方の宣教師にフランス語も教えてもらい、清作は書生時代で三つの言語を習得したのだった。

こうした清作の努力を目の当たりにし、渡部は医院の会計、さらには事務のいっさいまで託して出征した。

けれども、清作が渡部医師の期待に応えようと、まっすぐで真摯な心で会計事務に立ち向かっていこうとすると、必ずしもそれをよく思わない人たちが、清作を排斥し、締め出そうとしてきた。清作ばかりが渡部に気に入られるのがおもしろくなかったのだ。露骨な嫌がらせもおこなわれるようになった。

妬んだ書生たちが「奥さまと野口が夫婦になっています」などと、火のないところに煙を立てて吹聴し、足を引っ張った。

これにはさすがの清作も参った。

恩師である小林に事のいっさいを手紙で綴り、すべてを捨てて会陽医院を飛び出すことも考えた。けれども、それを許さなかったのは、恩師である小林だった。

内心は清作に同情しつつも、小林は清作に語り聞かせた。

「渡部医師は個人の用件ではなく、国のために精いっぱい尽力をしている。そんな中で、清作を見込んで後のことを託したのだ。そんなおまえが途中で投げ出し、逃げ出してしまうようでは、この先に希望がもてない。渡部医師が凱旋なさるまで、しっかり任務を果たすのが、おまえの役割だ。どんな苦労も必ず、将来のために役立つ時が来る。どんな辛苦であっても、母上さまが懸命に歯を食いしばってきたように、おまえも決して困難から逃げずに、自身のためだと思って、眼を見開いて向き合うようにすべきだ」

小林は、清作にきっぱりと、そう告げたのだった。

また母であるシカも、戻ってこようとする清作を家に入れようとはしなかった。

「達磨さまでも石の上にも三年とおっしゃっている。三年はとにかく勤めあげろ。今日のところは家に入らずに帰れ」

清作を愛すればこそ、そして期待すればこそ、小林もシカも清作の逃亡を許さなかったのだ。恩師や親からの言葉に清作はわれに返った。たしかにその通りだ。渡部医師にお世話になっている以上、やり遂げるのが男子たるものの務めだ。

どんなに理不尽なことがあっても、つらくても、自分から逃げ出すのはよそう。この道で生きていくと決めたのは、他のだれでもない、自分自身なのだ――十代後半の清作は覚悟を決めて再び若松へと戻り、渡部の留守を預かることにした。

当時、清作は下働きから抜擢されて、薬局生となっていた。

渡部が清作に目をかけていることは、清作自身も周囲も感じていた。だからこその、やっかみでもあったのだ。

以後も理不尽な言いがかりは続いていたけれど、清作は足を引っ張る人たちをむしろ憐れんだ。嫌がらせをするような人たちは所詮はそこまでの人物でしかないのだ。清作はこうした人々との相手にはならずに、貴重な時間をおのれと向き合うために使った。

誠実に薬局生としての仕事をし、その他の時間は全力で勉学に励む日々。当時、清作は渡部医院の書庫にあった書物を次々と読破し、漢文の知識も身につけていった。

このころ、清作は愛読する書物の見返しに、「人よく寸陰を惜しまば、われ分陰を惜しむ」と書き記していた。「寸陰を惜しむ」は『徒然草』にも出てくる言葉だ。寸陰は、短い時間のこと。分陰は、寸陰の十分の一ともいえる、ごくわずかな時間だ。

東晋王朝の土台を支えた人物に、陶侃《とうかん》という人物がいる。「大禹聖人乃惜寸陰。衆人当惜分陰」という言葉を遺した。「大禹は聖人なれども寸陰を惜しめり。衆人はまさに分陰を惜しむべし」という言葉を、当時の清作も知っていたのだろう。この言葉は、書生時代の清作の座右の銘となっていた。

やがて、日清戦争が終焉を迎え、一八九六（明治二十九）年には渡部が凱旋帰国した。渡部は不在中の会計事務報告を見て、唸った。切手一枚いいかげんにしていない清作の努力と誠実さを讃え、清作に心から感謝をしたのだった。清作より年長で、経験のある門下生たちもいたものの、清作一人にすべてを任せ、託した自身の選択眼が誤っていなかったことを、渡部は実感していた。

志を得ざれば、再び、此地を踏まず

清作が若松にいたころ、ときどき行商のために、母も若松を訪ねることがあった。訪ねる、といってもわずかな時間、立ち寄る程度だ。

清作の会陽医院時代の三年間で、野口家にとっての大きな出来事といえば、長女のイヌが婿を迎えたことだった。一八九三（明治二十六）年、清作が会陽医院の書生となった年の出来事だ。

夫の名は、善吾。やがて、翌年には栄という男の子が野口家に生まれた。シカはついに祖母となったのだ。数え年四十二歳のときのことだ。

孫の誕生で家の中は急に賑やかになったものの、佐代助と一緒にいるうちに善吾も酒を呑み始め、いつしか二人は昼間から酔いつぶれるような状態になっていた。乳飲み子を抱えて、男どもがこんな状態ではと、母子は「何の因果か」と互いに嘆きあうのだった。

「困ったことだ、こんな酒呑みのやくざな亭主たちで」と言ったその時、手が滑って、鎌でイヌは指先を切ってしまった。亭主の悪口を言ったからだと思ったイヌは、母とともにすぐに観音さまにお詫びをして、再び仕事に精を出した。

女たちがどんなに一生懸命に働いても、男たちがこんな状況では、貧窮から抜け出すことはたやすくはなかった。行商の途中で立ち寄る母の言葉から、清作は、やはり自分が一家を支えていかなければ、という思いを強くしていた。

一日も早く医者になること。一日も早く母を安心させ、少しでも楽にさせること。

清作は、母の後ろ姿を見送りながら、そっと自身のこれからの活躍を誓うのだった。

会陽医院時代の清作にとって、もっとも大きな出逢いが、渡部医師の友人で歯科医の血脇守之助と知りあったことだった。

血脇は清作の数歳年上の若き歯科医だった。一八九六（明治二十九）年の四月に歯科開業試験に合格し、東京芝伊皿子坂にある高山歯科医学院の幹事をしていた。

血脇とは旧知の仲だった渡部をはじめ、三名の地元の著名医師が血脇を招聘したため、夏期休暇を利用して、若松に出張診療に来ていたのだ。

会陽医院の近くの旅館の一室を借り、診察をはじめたところ、当時は若松には歯科医師が珍しかったので、たいへんな評判となっていた。朝から大忙しで、ようやく落ち着いたころに血脇は渡部と話すのを楽しみにしていて、そこの書生だった清作にも話しかけるようになったのだ。

「いつもここで原書を読んでいるけれど、語学をどこで学んだのかな」

と尋ねる血脇に清作は、

「町の宣教師や教師にときどき習い、後は独学で学びました」

と事実をそのまま述べた。血脇は、原書を読んで理解することがどれほどたいへんなことなのかがわかっていた。ましてやそれを独学と聞き、驚いた。こんなところに、きらきらとした原石が存在しているのか、と感嘆した。

以後、血脇は渡部のところに来るたびに、清作とも会話を重ねるようになった。清作はこの機を逃さぬよう、学問上の疑問を尋ねた。その質問のセンスの良さに、血脇はますますこの書生に興味をもつのだった。渡部が、かわいがるのも納得できる逸材だ。

「もし君が東京に来るようなことがあれば、いつでも訪ねてきなさい。何かできることがあれば、力になろうと思うから」

血脇はそう言い残して、東京へ戻った。

この言葉は清作の励みとなった。

医学の道を往く先輩で、自分を認めてくれる人がいることがとても嬉しかった。

三年が過ぎたころには、清作には医術開業前期試験に合格できる学力が付いたと渡部は判断していた。

一八九六（明治二十九）年九月、清作はついに渡部の許しを得て書生生活を終え、東京に出て医術開業前期試験を受験することになった。

清作は武者震いする思いだった。ここからがほんとうの勝負だ。

渡部は血脇への手紙を書き、十円の旅費を清作に与えた。胸躍る気持ちで、清作は渡部にお礼を言い、故郷への道を急いだ。背中には受験のための参考となる医学書やノートなどを背負っていたが、足取りも軽やかに母や小林夫妻の待つ村へと戻っていった。

二十四キロの山道。そのうえ暑い日だった。汗を流しながら、清作は故郷へと向かった。

一度、挫けそうになって戻ろうとしたときとはわけが違う。今度は正式に渡部に認めてもらっての上京を報告するためだった。

駆け込むように戻ってきた清作を、郷里ではシカたちが大歓迎してくれた。

「おお、清作、清作よ!!」

数年ぶりに戻るわが家には、姉の夫と甥の栄もいた。久しぶりに会う弟は、以前よりも大きくなって、兄を出迎えてくれた。そして、父の佐代助もこの日は酒の匂いをさせずに清作を迎えてくれたのが嬉しかった。

皆で揃ってのわが家の夕食がシカにも清作にもとてもかけがえのないものに思えた。

長年の思いがかない、遂に東京へとチャレンジをしに行くのだ。テンボーの清作が医者になれるわけがない、と馬鹿にする人たちもいたけれど、今自分はその道を奔り出していた。

なつかしいわが家で、清作は自分を育んでくれたものをひとつひとつ思い返していた。どれだけ母が働いてくれたおかげで今日を迎えることができたのか。これから先も、さらに自身を磨くために励まなければならない。

清作の究極の目的は、医者になることではない。医者になって、世の中の役に立ち、母にも安心して楽をしてもらえるようになることなのだ。

清作はこの日の夜、小刀を取り出し、柱に十四文字を刻みつけた。自分自身に対する宣誓の言葉だった。

「志を得ざれば、再び、此地を踏まず」

今でも生家の家に残されているあの一四文字だ。

清作はその後、村長二瓶蓮三郎のもとを訪れ、自分の留守中に母や家族がお世話になったことに対して心からお礼の言葉を述べた。そして「引き続きよろしくお願いします」と深々と頭を下げるのだった。

さらには、幼なじみの代吉のもとも訪ねた。代吉は三円を包んで、清作に差し出してくれた。

「少ないけれど、俺の気持ちだから」

幼いころ、学用品等でどれほど、手助けを受けてきたことか。

清作は今、旅立つ自分に向ってはなむけを渡してくれる友人の心が嬉しかった。友がいることがどれほど心強かったか。どれほど力になったか。清作は涙が流れぬよう、満天の星を仰いだ。

翌朝、清作はシカとともに恩師小林栄のもとを訪れた。小林はその時、清作にこんな言葉をかけた。

「よくやった。今度の上京がお前の人生を決める大事なものとなる。しっかり勉強をしなさい。それでもくじけそうになる日が来たら、母の姿を思い出すがいい。お前のお母さまは、普通の女性では決してできないようなことをし続けて、お前を育ててくれたのだから。その母の血がお前には流れている。母のためにも、おまえはやり遂げる義務がある」

恩師夫人は心を込めた手料理を清作とシカに振る舞ってくれた。思えば、あの試験の時から何年が経っているだろう。夫人は、小林があの日、清作と初めて会った日の嬉しそうな表情を今でもよく覚えていた。教育を生涯の仕事に選んだ夫の、嬉しい一日を清作がもたらしてくれたことが、彼女にはとても嬉しかった。

小林は十二円の月給のうちから十円を、清作に与えた。清作とシカは、小林にはもちろん、その夫人にも深々と頭を下げ、心からのお礼を述べたのだった。

翌朝はいよいよ出発の日だった。

ここから上京するには、東北本線の本宮駅まで三十六キロに及ぶ山道を歩かなくてはならない。もう少しだけ、もう少しだけ、とシカと小林は町の外れまで清作を見送りに来てくれた。

「ありがとうございます」と清作は言葉にするより先に、涙が流れてしまいそうだった。

「もうこのへんでけっこうです」と清作は母に言うのが精いっぱいで、あえて笑顔をつくってから、前を向いた。洗いざらしの白地のこまいりかすりの浴衣を着て、着物を入れた大きなかばんを背負って、清作は麦わら帽子をかぶっていた。

息子のかばんに早生の林檎を入れながら、母は「達者でいてくれよ」とだけ、言った。

次はいつ会えるかわからないと思ったら、シカはこの時間がこのままいつまでも続いてくれることを願いたかった。息子の旅立ちは嬉しい。けれども、淋しさで胸が張り裂けそうだった。

「行ってまいります」と言う息子がまた振り返ってくれないか、忘れものだといって戻ってこないかと思いつつ、母はしばらくそこに立ち尽くしていた。

こうして清作はたった一人で東京へと旅立って行った。

一八九六年九月、シカは数え年四十五歳になっていた。

この日も磐梯山は豊かな稜線を天に浮かべていた。

清作から英世へ

周囲の期待を一身に受けて、清作は上京した。現在の住居表示の東京都文京区本郷にあった安下宿に宿泊し、受験勉強に励んだ。やがて、一か月後の医術開業前期試験に見事に合格することができた。このときの前期試験の科目は物理学、化学、解剖学などだった。この試験に受かった者だけが、外科学、内科学、薬物学などの後期試験を受ける資格を得るのだった。

けれども、上京して二ヵ月目には当初の所持金は尽きようとしていた。後期試験がおこなわれるのは一年後の十月だ。困り果てた清作は十一月三日、血脇守之助の援助を求めるために、高山歯科医学院（東京歯科大学の前身）を訪問することにした。医学院は現在の東京都港区高輪台にあった。

ぼさぼさの蓬髪《ほうはつ》に、よれよれの袴、下駄はすっかりすり減っていた清作。この寒さの中、羽織も着て居ないこんな青年がいきなり押しかけてきたのだ。院長は反対したが、血脇は独断で清作を小使に採用した。周囲は彼に「あんな者を世話しても望みはないだろうからやめろ」と忠告した。

それでも、血脇は清作を助けることにした。当時四円だった自分の月給を院長高山紀齋と掛け合って七円にしてもらい、そのうち二円を清作に渡すことにしたのだ。この時血脇は二十七歳だった。

小林栄が清作の第一の恩人なら、血脇守之助は第二の恩人なのだ。

四歳で母を病気で失った血脇は祖父母によって育てられた。後に日本歯科医師会会長も務める血脇と出会えたことは、清作にとって大きな幸せだった。

こうした援助を得て、清作は後期試験の準備に取りかかることができた。ただ、この後期試験に合格するためには、臨床を学ばなくてはならない。清作は、医学講習会のような済生学舎《さいせいがくしゃ》に入学して臨床を学ぶことにした。

済生学舎に入る、という清作のために、血脇は学院附属の医院の経営を任せてもらうように院長に交渉し、月に十五円もの講習と下宿の費用を捻出できるようにした。二十代の若さで、ここまで人のために尽くし、支えることのできる血脇の人間としての大きさについては、もっと多く語られてもいいと思う。

こうした支えを得て、清作は翌一八九七（明治三十）年十月、ついに医術開業後期試験にも合格することができたのだった。

この時の受験者は八十名。合格したのは、清作を含めて四名のみだ。どれほどの難関だったかは言うまでもない。

こうして清作は二十二歳で、遂に医師の資格を得たのだった。

シカは清作が医者の資格を取った時には、地元に戻って開業することを楽しみにしていた。けれども、清作は別の道を選択しようとしていた。開業にはまとまった金がいる。自分にはまだそんな金はない。その開業資金づくりのためにはじめた医学の研究が、実は面白くなりはじめていたのだった。

合格後、清作は当初、順天堂医院の助手として務めていた。

そのうちに、清作は患者を診察する医者より、病気の原因を突き止める病理学や細菌学をめざそうという気持ちが湧きあがってきた。

一八九八（明治三十一）年四月、清作は北里柴三郎博士の伝染病研究所に助手として入所する。ここで、この分野の基礎をあらためて学ぼうと決意していた。

北里柴三郎は言うまでもなく、日本の医学界を代表する、世界的な学者だ。当時、北里の伝染病研究所は基礎医学、とくに細菌学の研究では日本医学の聖地のような場所となっていた。

伝染病研究所への入所といえば聞こえはいいものの、正式な所員ではなく、まだ見習いの下級助手からのスタートだった。月給は十三円。順天堂医院の助手の月給が二円で風呂屋に行くにも困るような状況だったから、それに比べれば待遇はよかったといえる。

ところが入所して数か月後に、清作は故郷からの一通の手紙を受け取った。恩人である小林栄の夫人が重病であることを知らせる手紙だった。小林夫妻は清作に進学の道をつくってくれた人たちだ。清作が上京する際も、十二円の月給から十円もの餞別を贈ってくれるなど、夫妻で励ましてくれた。

その夫人の病気とあっては、清作はいてもたってもいられなくなった。できることなら、すぐにでも故郷に出向いて看病したい。けれども、研究所に入ったばかりの身では休みをとるのが難しい。とはいえ、見舞いの手紙だけ、というのでは礼節を欠くような気がした。

医者となった自分にできることはないか、と清作は苦悶した。

順天堂医院や研究所の、その分野の先生たちから指導を受け、それを踏まえて処方箋を書き送った。それでも、体調のさらなる悪化が伝えられ、遂に清作はすべてを抛《なげう》って、猪苗代の小林宅まで駆けつけることにした。研究所には欠勤届を出し、もしこのまま辞めさせられたとしても仕方がない、という思いだった。

今はとにかく小林夫人の体調改善に全力を尽くすだけだ。

夫人は腎臓病だった。地元の主治医である六角氏が診察していたものの、一進一退の病状は重態と言わざるをえないほどだった。さすがの小林栄先生も、生死をさまよう夫人に対し、心配で寝食もままならない状況が続いていた。清作はそんな小林のためにも自分が何ができるのかを考えた。薬をとりに行ったり、看護婦のような仕事すらも、清作は厭わなかった。掃除もすれば、豆腐を買いに行くこともして、親身になって働いた。

こうした甲斐もあって、夫人の容態は何とか持ち直し、清作が郷里に戻ってから二週間たったころには、ようやく回復の兆しを見せたのだった。

もっともたいへんな時期に駆けつけてくれた清作に対して、小林栄をはじめ、周囲は感謝の思いでいっぱいだった。息子が立派に役割を果たすことができて、シカもほっとしていた。

そんな看病中のある日、合間を見て清作が読んだのは当時、とても評判がよかった坪内逍遥の小説『当世書生気質』だった。この本を読んで清作はたいへんなショックを受けてしまった。主人公は自分の境遇に似た医学生で、当初は将来を嘱望されていたものの、ある時から放蕩生活を送り、堕落してしまうのだった。この主人公の名がなんと野々口精作であり、おのれの名前に似ていた。このままでは、まるで自分が堕落してしまうような気持ちになった。小林にそんな思いを告げると、小林は清作の意を汲んで新たな名前を考えてくれた。

それが「英世」という名だった。

「英」は、小林家代々の名で由緒のある文字だ。世に優れる――つまり、万人に優れた〝世界の医師〟になるという願いを込めた大きな名前を、小林は清作に贈ったのだ。

清作は歓び、生まれ変わったつもりで新たに医学の道に精進することを恩師に約束した。母のシカも、かけがえのない恩を受けた小林栄から名前を付けてもらったことに感謝し、息子が名に恥じない生きかたができるよう、再び観音さまに祈ったのだった。

やがて、八月の終わりに英世が東京に戻ると、小林は英世の改名手続きに力を注いでくれた。小説と同じ名前だからというのでは役所も受け付けてくれない。その頃村にいた、佐藤清作という名の青年に、いったん野口家に養子に行ってもらう計画まで立て、野口清作が二人いてはまずいからということで、英世に改名させるという方策がとられたのだった。

一八九九（明治三十二）年十月二十一日、こうしてようやく、清作は野口英世となった。

英世の渡米

東京へ戻った英世は、北里博士のもとで再び医者としての修練を重ねつつ、自身の今後について考えるようになっていた。北里博士は入所の際、英世にいつか外国で学ぶことができると話していたものの、二十八人もの先輩たちが順番を待つ中では、すぐには道が開けそうもなかった。

英世は世界の医学の最先端を学びたいと思う気持ちが次第に強くなっていった。

研究所に入って一年が経ったころ、アメリカのジョンズ・ホプキンズ大学病理学教授のシモン・フレキスナー博士が来日した。フレキスナー博士は、フィリピンにいるアメリカ軍の衛生状態を視察するために派遣された人だった。途中、日本に立ち寄り、北里伝染病研究所を訪れたのだった。

この時、英世は北里博士の指名を受けて、一行の案内役を仰せつかった。当時、所長をはじめ、ドイツ語を読める人は多かったものの、英会話が堪能な人物は多くはなかった。そこで、英語の勉強にも励んでいた英世が大役を任されたのだった。

さまざまな場所を案内する中、英世は日ごろの思いを博士に語る機会があった。

「いつかアメリカにわたって、私は医学の研究をしたいと思っています。その際にはぜひとも先生のもとで働かせてほしいと存じますが、いかがでしょうか」

雑談の中で、英世はそう切り出してみた。

フレキスナー博士から、何か学会に発表したものがあるかと聞かれて、英世は「小児の壊疽」という自分の小論文とカールデンの翻訳書である「病理学的細菌学的検究術式綱要」を見せた。

博士はそれを読み、頷くと、「よろしい。必要な際には私がお力添えいたしましょう」と話してくれた。博士からすれば、社交辞令の延長線上にある回答だった。けれども、この言葉に英世はとても歓んだ。どんなに小さな灯りでも、活路を見出し得るものなら、大事にしていきたいと思っていた。

フレキスナー博士の通訳を務めた翌月、北里博士の推薦で英世は横浜港の海港検疫官補となって横浜検疫所に赴任した。

赴任後、ここで英世は思いがけず、ペスト患者を発見したのだった。

ペスト菌の保有者の発見は日本で初めての出来事だったので、野口英世の名前は一気に関係者に知られることとなった。天が英世にもたらしてくれた思いがけないチャンスだった。

この業績により、英世は同じ年の秋に清国の牛荘《ニウチャン》への派遣を命じられた。ここは当時、ペストが流行していたところだったので、日本政府は医師団を派遣することになり、英世はその一行に加えられたのだ。

野口英世が初めて海外に渡航することになる旅だった。

英世は、清国でもめざましい活躍をした。来る日も来る日も顕微鏡をのぞき、病原菌の発見に努めた。寝食を惜しむほどの熱心な姿に、同行した医師団の中で野口英世の名は広がっていった。当時、牛荘には各国の領事館が集まっていて、ペストの国際予防委員会が組織されていた。ペストの流行は下火になりつつあったので、英世はペスト以外の病気の中国人の診察もし、またペスト菌の寒冷に対する抵抗力の試験もしていた。九か月にもわたる現地での診療の中で、ひとつひとつの実践が英世のさらなる探求心に火をつけていた。


一九〇〇（明治三十三）年六月に帰国すると、英世はまず郷里に戻った。母たちの顔を見に来たのと同時に、ある想いを伝えるためでもあった。その想いというのが、研究者としてアメリカに行くことだった。

帰ってきた英世に、幼なじみの代吉が依頼した。村の人たちをぜひとも診察してほしい、と。

医者になれるわけがないと嘲笑った人たちに、海外からも呼ばれるようになった実力を存分に見せてやってほしいと頼まれたのだった。

これまでにもずいぶん世話になってきた代吉だ。英世は親身になって無料で診察をすることにした。

すると、大勢の人々が英世に診察してほしいとやってきた。中には重病の人もいて、英世は困っている人たちを丁寧に診察し、薬の処方もした。シカは、やっと息子が村の人たちの役に立つことができたと歓んだ。代吉や村長の二瓶蓮三郎も大いに歓び、英世を讃えた。

高等小学校時代の親友・八子《やこ》弥寿平にも会い、英世は渡米の費用として必要な五百円を借用する話をまとめた。けれども、この英世の動きを小林栄は良しとはしなかった。

「八子に助力を求めることはやめるべきだ」ときっぱりと語ったのだ。

恩人からの思いがけない言葉に、英世は驚いた。

「アメリカに渡って可能性を試してみることはいい。大いに励むがいい。ただ、そのための費用を他者に借りてもいいのだろうか。使い果たしてしまった後、次が必要だと言われても、すぐに送金できるような人はいないだろう。だとしたら、他者に費用を借りず、自分自身の力で思いをかなえるべきではないか。道なき道を往くとき、頼れるものは最後は自分自身だけだ。背後に退却できぬような、背水の陣をしいて奮起すべきだ。もしお前にその覚悟ができたなら、私はお前を心から信頼して、送り出そうと思う」

とても厳しい口調だった。

何事にも、他者によりかかるような甘えは許されないのだ、と恩師が諭してくれたのだと思った。

英世は、素直に自身の非を認めた。

「先生、わかりました」

そう言うと英世は、すぐに八子のもとに行き、事情を説明して、金を借りる申し出を撤回した。


東京に戻ると、英世は何が何でも自ら働いて資金を蓄えようと算段した。その年の九月には、血脇守之助の好意もあって、東京歯科医学院の講師の職も得ていた。

ここで英世は病理学と薬物学の授業を担当していた。

講師をしながら、英世は渡米のために船医になる道も考えはじめていた。船員となって外国船に乗ることができれば、活路も見出せるかもしれないと、実際に医術開業免状も取得したのだった。

ところが、船医では渡米してもそのまま必ず帰港しなくてはならない事が判明し、英世はあきらめざるを得なかった。それでも英世はあきらめなかった。無駄遣いも控え、自らの力で渡航費用を貯めた。

そして、ついに二十五歳のときにアメリカに行く機会を得たのだった。

これで長い間の夢が実現するのだと歓び勇んで、英世は再び郷里に戻った。

今度は小林栄も、そして母も、歓んでくれた。母はこの時、息子にこんなふうに語った。

「お前がやりたいと思うことを、なんで母が反対するのだろう。私はおまえが成功して、日本に戻って来てくれることを心から願って、待っていることにするよ」

そう言うと、母は息子の挑戦に力強く頷くのだった。

ほんとうなら、この言葉で英世は歓び勇んで渡航する予定だった。けれども、実際には、英世は苦悩してしまう。母はたしかにそう言ってくれた。ところが、ほんとうにこれがいい道なのだろうか、という思いを、英世は拭えずにいたのだった。

英世はある日、思いのたけを小林栄に相談してみた。

「できることなら私はアメリカに行きたいです。これまでさまざまな艱難辛苦に堪え、必死に勉強をして道を開いてきました。母も喜んで同意してくれたので、アメリカで活躍したいと尽力をして参りました。世界で活躍すれば、きっと母のためにもなる。これまでお世話になった皆のためにも、と思って、金を貯めてきました。

けれども、昨日、年老いた母の白髪や顔の皺を見ていたら、急にこのまま突き進んでいいのだろうか、という気持ちになりました。苦労でやつれてしまっている母のために、今、日本でできることがあるのではないか、という思いも湧き出てきたのです。

母はあの性格なので、気丈に、大丈夫だから行ってこいと言ってくれます。

けれども、この先のことを思うと、渡米を中止する、という選択肢もあるのではないか、と考えるようになりました。

どちらを選択すべきか、今、迷いに迷っています」

小林はこれまでずっと、英世を応援してきた。英世の思いもその母の思いもとてもよくわかる。英世が渡米のためにどれほど情熱を注ぎ、道なき道を開こうと励んできたのかがわかるだけに、たやすく行くなとは言えなかった。

英世を前に、小林は語った。

「よろしい。あとは私が引き受ける。お母さんのことはもちろん、家族みんなのことも引き受ける。だから安心して行くがいい。安心して、成功してくるがいい。世界に乗り出して、思う存分に活躍してこい」

小林先生は、シカのことも家のことも私ができるかぎり面倒を見るから、おまえは安心して世界をめざせ、と語ってくれたのだった。「お前の未来を信じているから」と言い添えて。

思いがけない小林の言葉に、英世は涙が止まらなくなっていた。

小林と英世はかたく握手を交わし、傍にいた夫人も二人の様子に涙を禁じえなかった。

英世は言った。

「これからはぜひ父と呼ばせてください」

いつからか、小林も英世を他人とは思っていなかったから、ただ笑顔で頷くばかりだった。

続いて英世は、夫人にも向き合った。

「これからはぜひ、お母さまと呼ばせてください。至らぬ点、悪しき点があればどうぞわが息子のように叱ってください。必ず、アメリカの地で成功して、元気に戻ってまいります。石に齧りついてでも成功して、この地に戻ってまいりますから、どうぞお二人もお身体を御大事になさってください」

英世は涙ながらに、新しい両親に告げたのだった。

自宅に戻ってすぐにそのことをシカに報告すると、彼女もたいへん喜んだ。「英世のみならず、自分たちのことまで小林先生が気にかけてくださるなんて……」。

一度約束したからには小林はどこまでも実践してくれることを、シカも英世も何度も体験していた。

以後、小林は約束通り、英世の家族を親身になって面倒を見てくれた。このまま自宅にいては、今までどおりの酒癖が決してなおらないと思った小林は、父親の佐代助も引き取って、仕事を与えてくれた。毎日の晩酌の一合のみは許し、それ以上は与えぬよう、本人にも周囲にも忠告をした。

英世が安心して医学の道に進むためには、国内に心配事があってはならない、と小林は用意周到だった。そして、それはシカも同じように思っていたことだった。

かつて、シカがやけどをさせたわが子を一生養い通すと決めた日から、すでに二十年以上の年月が流れている。

自身の不注意からあんな体にしてしまった息子が、今、立派に世界へと一人立ちしようとしている。観音さまの御加護を受け、英世はすくすくと成長をし、ほんとうに医者になることができた。

小林夫妻をはじめ、多くのすばらしい人たちの支えを得て、今、新たな道へと旅立とうとしている。こんなにありがたく、嬉しいことがあるだろうか。

シカは感謝をせずにはいられなかった。この先も、観音さまの慈悲を信じ、しっかりと働いて、家を守って、この地から息子の活躍を見守り続けるのだ。息子は絶対にやり遂げてくれると母は頑なに信じていた。

出発の日はさすがにさみしく、もうこれで会えなくなってしまうのではないか、という思いが湧きあがらないこともなかった。それでも、シカは元気に振る舞い、努めて笑顔で英世を見送った。渡航の無事や渡米後の健康、研究の成功を祈念し、定期的に中田観音さまを訪ねて、毎年お札を送ることにもした。

自分がめそめそしていては、英世の足手まといになるだけだと、気丈に振る舞うシカだった。かつて英世が上京する時と同じように、母は村はずれまで息子を見送っていった。けれども、今度は地元の人たちも一緒だった。

「どうぞご無事でいてください」

英世は、最後まで母のことを案じていた。

「いつまでも達者で長生きをしてください」

と、母に言った。

四十九歳になって、なお、昼夜働き通しの母親を少しでも楽にさせるために、英世は必ず成功することを磐梯山に誓っていた。どこまでも天はつながっている。ひとつの太陽とひとつの月が世界じゅうを照らし続けてくれている。必ずうまくいく。何としてもやり遂げるのだ——英世は自分自身にそう言い聞かせていた。

このころ、英世は、

まておのれ咲かで散りなば何が梅

という俳句を詠んでいる。必ず花を咲かせるのだという、青年英世の思いが伝わってくる句だ。

出発に先立って撮った写真の裏には、英世の、

秋の野や花咲く草も枯れる葉も

という句も記されている。

富士の麓の裾野の原で、路傍の石に左ひじをついているのが写真の中の英世だ。そこにこの句を記したのだった。

富士の裾野の秋野が原には、枯れてしまう草もある。春にまた花を咲かせることのできる草もある。私は必ず来たるべきときに花を咲かせるのだ。そのための精進を怠らぬことを誓って、英世は旅立とうとしていた。

英世の出発を、東京では血脇守之助が見守ってくれていた。

「今回、おまえを見送るのは獅子が子を谷底に落とす思いだ。今回の渡航が、おまえがほんとうに天才か否かの証となるものだ」

と語り、負けず嫌いな英世のやる気を引き出してくれた。

郷里でも東京でも多くの人たちの深い愛情に見送られて、英世はたった一人でアメリカへと渡航をしていった。

出発日は一九〇〇（明治三十三）年十二月五日。英世が二十五歳、シカが四十九歳の冬だった。渡米といっても、三等客だ。海港検疫官補時代のつてを頼って、できるかぎり安く乗船させてもらったのだ。

義に篤い小林は以後、八年間にもわたって、佐代助の面倒を見てくれた。またシカの良き相談相手として、英世からの手紙は全て小林が読んで聞かせたのだった。

英世は、シカのことを手紙では城母、と書いた。

小林夫妻のことは、恩父さま、恩母さま、父上さま、母上さまと書き記した。

二人の父母たちのことをいつも思いながら、英世は「さらば日本よ、再び相見ゆる時、勝利はわが手にあらん」と誓いを新たにしていた。

産婆

このころ、村には野口くまという名の産婆がいた。

産婆の腕前がとても上手だと評判の彼女は、シカができるときはいつでも助手として頼んでいた。小作の百姓仕事や荷運びの重労働にも耐えてきた、謙虚で温順なシカは、くまが頼みやすい、この仕事の適任者だった。

シカは求められれば厭わず、親身になって妊婦に尽くすので、評判はとてもよかった。産婆の助手をしているうちに、この仕事をすっかり覚えた。彼女は妊婦の家の家事手伝いまでしてくれるのでとても重宝がられていた。

明治も三十年代になると、産婆になるには正式な試験を必要とするようになっていた。新たに講習を受け、正式な産婆学を身につけた人でなければ資格が与えられないため、たちまち各地で産婆が不足してしまった。

そのため、行政は産婆の養成をすることになり、産婆となる適任者を探していた。

そのことを村役場から聞かされたある産婆は、真っ先に野口シカの名を挙げたので、シカは産婆の講習を受けるように、という通達を役所からもらったのだった。

シカは喜んだものの、日雇いの仕事等もあり、すぐに講習に参加できる状況ではなかった。

それをみかねて救いの手を差し伸べてくれたのが、村長の二瓶蓮三郎だった。村に一人はしっかりした産婆がほしいという希望が村の人々からわきおこり、さまざまな器具や用具、薬品等が寄付によって調達された。シカが産婆をしてくれるなら安心だ、という声が地元からあがり、多くの人々が賛同してくれた結果だった。

この地域人々の浄財によって、資格を得ることのできたシカは、村長の前で涙ながらにお礼の気持ちを語り、力の及ぶかぎり他人さまの手助けを続けることを約束した。こうして、この地域には産婆が正式に誕生したのだった。

心優しいシカは産婆のみならず、困っている人たちを助けさまざまな手伝いをした。ある夏、この地域でも赤痢が流行り、ずいぶん死者が出た。かつて、シカに文字を教えてくれた鵜浦法印や家族も赤痢に感染してしまった。病気が病気だけに見舞いに行く者もまったくいない。それを知ったシカは真っ先にお見舞いに行き、予想以上にひどい状況の法印を親身になって介護した。

決して余裕があるわけではない家計の中から、薬代も捻出し、法印や家族に飲ませた。こうした介護のおかげで、法印の病は治癒し、シカは感謝をされた。

このような母を持った子であるから、かつて恩師小林栄の夫人が重病だった際、英世は親身になって介護をしたのだった。英世の中には、母の優しさとあたたかさ、逞しさ、粘り強さ、忍耐強さが、しっかり根づいていた。親の後ろ姿こそが、英世にとって、どんな医学書よりも大事な教本であった。

シカが産婆になってから、一家の暮らしはこれまでよりは楽になった。とはいっても産婆を専業とするまでにはならず、田畑を耕したり野菜を売ったりする仕事もシカは続けていた。春蚕と秋蚕も育て、周囲の人々にもシカは養蚕方法を伝授したのだった。

このころ、シカは馬も飼い、馬の子育てもしっかりと行なっていた。織物もし、糸を染めるところからシカは自分の手で行なった。自分の家のものはもちろん、周囲の家のものも織ってあげた。小さなころからよく働いたおかげで、シカはさまざまな技術や知識を体得していたのだった。

親身になって尽くすシカだ。

必要な場所では産後一週間たっても見舞いに行くことをやめず、おしめまで洗うほどだった。損得抜きで母親や嬰児と向き合ってくれるシカの姿勢は周囲の評判を呼んだ。産婆としてのシカの名声は日に日に増していった。

やがてその評判は近隣の自治体にも届くようになり、他の自治体からも仕事を依頼されるようになった。

シカは、産婆の仕事で余分に心付けをもらうようなことがあると、神社やお寺にそっと寄進するばかりでなく、気の毒な人たちにも分け与えた。お菓子等をもらった際には、日ごろからお世話になっている人たちにも持参して、皆で分け合った。

「昔から貧乏で周囲に手助けしていただいてきました。その埋め合わせに、今は一生懸命働いているだけです」

と、相手が困っている場合には、無料で産婆の奉仕もしたのだった。

働きに働き、尽くしに尽くすシカだ。

世間では英世のことを母の自慢の息子のように語られることが多いけれど、実は逆なのだ。英世にとって、野口シカという母は自慢どころか人生の教科書となるすばらしい人間だった。この母のもとに生まれたことが、どんな名誉な出来事よりも遥かに幸せなことなのだと、英世はアメリカ行きの船の中であらためて思い返していた。

生涯に二千人ほどの子どもを取り上げた中で、一例も死産がなかったのは、シカがいかに親身になって一人一人の母や子どもと向き合ってきたのかのあらわれなのだろう。シカは必ず、観音さまに手を合わせてから、産婆の仕事に臨んでいたのだった。

アメリカにわたってからの日々、英世は今までにも増して努力をした。

英世を乗せたアメリカ丸は、横浜を出帆して十八日目となる一九〇〇（明治三十三）年十二月二十二日の早朝にサンフランシスコに到着した。英世はそこからさらに大陸を列車で横断し、一週間後の十二月二十九日にフィラデルフィアに到着した。

英世がこの街にあるペンシルヴェニア大学に来て訪ねた人物がいた。それが、かつて日本で英世が通訳と案内役を務めたフレキスナー博士だった。

そのときに博士が残した「アメリカに来ることがあれば力になりましょう」という言葉を、英世は頼りにしていたのだった。

博士にとっては何気なく語った言葉だったのかもしれない。単なる社交辞令に近かったのかもしれない。けれども、実際に海を渡って会いにきた英世に、フレキスナー博士は驚嘆した。何の前触れもない突然の訪問に、前任校から転任したばかりだった博士は驚くばかりだった。明らかに当惑していた博士だったものの、英世の熱意を思って、やむなく私的な助手に雇ってくれたのだった。一九〇一（明治三十四）年一月のことだ。

ここでは、英世に月八ドルが支払われることになり、英世は毒蛇の研究に邁進することとなった。毒蛇が好きな人はあまりいないだろう。本音を言えば、英世も毒蛇のあまりの迫力に恐怖を覚えていた。それでも、このチャンスをものにしなくては次がない、と奮闘した。

パンや水で飢えを凌ぎながら、睡眠時間を削って、英世は研究に没頭した。毒蛇に関する英語やフランス語、ドイツ語の研究書を読み、死に物狂いの努力でつくられた報告書は、フレキスナー博士の称賛と感嘆と信頼を得るに値するものだった。英世の粘り強さと研究熱心さは、フレキスナー博士にとっても初めて見るほどのものだった。

その年の十一月に、英世の研究は学会で発表され、渡米後一年にも満たない中で、野口英世の名はアメリカの学界に知られるようになっていた。

一九〇三年には、新設されたロックフェラー医学研究所の所長にフレキスナー博士が抜擢された。この結果、英世も博士とともにヨーロッパに留学することが内定した。そのため、ペンシルヴェニア大学内での英世の評価も上がり、上席の助手となった後、カーネギー研究所からは毒蛇研究書の出版費用五千ドルも支給されたのだった。

十月には、ついにデンマークの国立血清研究所に入所した。

英世はこうした状況を、逐次、小林夫妻に手紙で報告していた。英世からの手紙が届くと、小林はすぐにシカのもとにその手紙を伝えに行った。

外国人ばかりの中、たった一人の日本人として英世は奮闘した。

小林が読んでくれる手紙から、こうした事実を知ったシカは、とても歓んだ。

異国の地で懸命に尽力するわが息子を思うと、自らも奮闘せずにはいられなかった。

英世の成果が上がっていると知り、ほんとうにありがたく、シカは月に一度は必ず中田観音を訪問して、わが子の無事と成功を祈願した。縁日である七月九日には御堂に一夜籠り、祈りをささげた後にお札をいただいて、アメリカの英世のもとへ送付した。シカは亡くなる年まで、この年に一回のお札送りを続けている。

そんな母の思いにあと押しされて、英世は研究に邁進した。デンマークの首都コペンハーゲンでは、ヨーロッパ各地の新聞をつぶさに読んだ。その新聞により、日本がロシアに宣戦布告したことも知った。

英世は日本の家族が心配でならなかった。

もしかすると日本の新聞にはほんとうのことが書かれていないのでは、という疑念も抱いた。ロシアは強国で大国だ。そことまともに日本が戦えるのだろうか。

ヨーロッパの地で、いてもたってもいられなかった英世は、「国難を思って、夜も眠れず。ぜひとも日本の新聞を送ってください」と、手紙に書いたのだった。

けれども母は、「家のことはいっさい心配するな。大丈夫だ。おまえはただ大事な研究を怠ることなく、しっかりと励めばいい」と、取り合おうとしなかった。

現実には会津もたいへんだったけれど、もしそれがそのまま伝われば、英世の研究に支障をきたし、せっかくの勉学の機会がむだになってしまうのではないか、という親心からの対応だった。

実際、シカの住む村でも毎日のように戦争に行く人たちの見送りが行なわれていたのだった。母は、どこにいても努力を惜しまない英世のことを信頼していた。彼から、研究の機会を奪いたくはなかったのだ。学問に励み、叡智を蓄え、日本の未来に役立てていくことが、何よりも息子が国に尽くす道だとシカは信じていた。


デンマークからアメリカに戻った英世はロックフェラー医学研究所の一等助手となった。ロシアとの戦争中の日本の状況が心配でたまらなかったものの、母の思いを受けて、今はとにかく学問に励むしかないと腹をくくった。

一九〇七(明治四十)年には、ついに助手から準正員に地位もあがり、ペンシルヴェニア大学から理学士の名誉学位も授けられた。

日本では日露戦争の勝利に湧いていたものの、一九〇二年以来、不作の年が続き、農村は疲弊していた。

野口家も例外ではなく、佐代助に自由に呑ませてくれるような場がなくなったころには、シカの父清太郎に次いで、母ミサも亡くなり、野口家は税金も納められないような状態だった。

この結果、田畑の強制競売を受けることになった。このときには遠戚にあたる渡辺忠作が支え、助けてくれたものの、子どもや孫まで抱えて、シカはますます働かざるを得なかった。

こうした状況を心配した小林が、米俵をいくつも野口家に運んでくれたこともあった。けれども、佐代助がつくりつづける借財によって、シカは再びたいへんな状況に追い込まれ、苦しめられていた。家は壁も破れ、雨漏りで座るところすらなかった。

こうした状況を知った小林は、佐代助を引きとったあと、庭仕事や田畑の耕作の他、養蚕のための桑つみなどの仕事を与え、佐代助が何とか更生できるように力と情熱を注いだのだ。

そんな中、一九〇八（明治四十一）年十二月一日には、英世の弟の清三が仙台の歩兵第二十九連隊に入隊することになった。

母は心配でならなかった。異国の地でこうした状況を知った英世も、とても心配した。一九〇七年以降、英世はたびたび故郷に送金をしている。けれども、研究につぐ研究で、なかなか祖国には戻ることはできそうもなかった。

英世は苦慮したあげく、少しでも母の仕事に役立てばと、産婆の仕事で使う最新式器具を送った。この最新式器具は血脇守之助から小林のもとに転送され、母のところに届けられた。

英世は一九〇九（明治四十二）年にはロックフェラー研究所でさらに出世し、第一線の学者として認められつつあった。白人ばかりの社会で、黄色人種の英世に対して好意的に思わない人たちもいたが、それでも英世は持ち前の探究心と粘り強い、地道な努力によって活路を見出していた。休みもなく、励み続ける英世の活躍は、当時の在留邦人たちの希望にもなっていた。

翌一九一〇年には、『梅毒の血清診断』がアメリカで出版され、ニューヨークに誕生した血清学会の会長に英世が就任したのだった。次の年には新しい梅毒の診断法も発表。脊髄液に酪酸を加えて、その中に含有されるタンパク量を測定するという方法だった。

こうして発表された論文は、血脇守之助によって、京都帝国大学（今の京都大学）医学部にも提出され、一九一一年、英世は医学博士の学位を授けられた。当時は大学の卒業者でなくては学位が得られなかったが、異例中の異例の学位授与だった。

こうした知らせは血脇を通じて小林栄のところにも届けられた。そして、母シカが知るところとなり、シカは驚愕しつつ、喜んだのだった。どんなにアメリカで活躍しても郷里の人々にとってはなかなか実感が伴わないのだが、京都帝国大学医学部の博士になったという事実は、奇蹟中の奇蹟として受け止められた。

実はこれは、こうした反応を見越して、母を喜ばせるために英世が申請していたものだった。自身の研究が国内でも認められるとしたら、母にもわかりやすい。英世は日本の学位がほしかったわけではないが、母を歓ばせることだけを願いとしていた。

あまりに驚き、歓んだシカは英世の成功に感謝し、今後もこの成功が続くことを願って、七日間、八幡神社に籠って神にお礼の気持ちを伝えた。シカはこの時、すでに五十九歳になっていた。

このころ、英世の父親である佐代助が、飲酒が原因で肋骨を二本も折った。治療には一か月もかかった。

ちょうどそのころ、弟の清三は仙台から若松の兵営に移り、三年の兵役を終えていた。清三は北海道開拓のために野付牛在というところに移住することになっていた。

やがて、清三が北海道で順調に暮らしていることを聞くと、佐代助も北海道にわたった。このころの北海道は、不況に苦しみ続けた農家が活路を見出すために開拓に向かうことが多く、姉の婿である善吾も同じ道を歩もうと考えはじめていた。

一家がこうした北海道への移住を考えはじめているという噂が出ると、借金取りの催促が厳しくなった。さらには、英世が梅毒スピロヘータの純粋培養成功によって、アメリカのみならず、ドイツの学界でも最大級の賛辞を得るようになると、「世界的な先生の家」として、ますます借金の取り立てが厳しくなっていた。

シカは、心細くてたまらなかった。まもなく六十を迎える自身の年齢も考えると、いつまで働けるのかも自信がない。もしもこんな時に英世がそばにいてくれたら、と思うことが増えていた。送金はありがたかったものの、かさむ借財からすれば、焼け石に水だった。

このころの野口家の借財は二千円以上になっていた。土地や家のすべてを処分しても、半分も返済できない状況だ。男たちの北海道行きはこうした状況もあって、模索されたものだった。

この家にシカ一人が残されると思うと、シカは急激に不安を覚えた。忍耐強かったシカが、遂に英世に帰って来てほしいという手紙を書いたのは、一九一二（明治四十五）年のことだった。

おまイの。しせ（出世）には。みなたまけ（驚き）ました。
わたくしもよろこんでを（お）りまする。
なかた（中田）のかんのんさまに。さまにねん（毎年）。
よこもり（夜籠り）を。いたしました。
べん京なぼでも（勉強いくらしても）。きりかない。
いぼし（烏帽子＝近所の地名）。ほわ（には）こまりをりますか。
おまいか（が）。きたならば。もしわけ（申し訳）かてきましよ。
はるになるト。みなほかいド（北海道）に。いて（行って）しまいます。
わたしも。こころぼそくありまする。

ドカ（どうか）はやく。きてくだされ。
かねを。もろた。コトたれにもきかせません。
それをきかせるトみなのれて（飲まれて）。しまいます。
はやくきてくだされ。
はやくきてくだされ
はやくきてくだされ。
はやくきてくだされ。
いしよの（一生の）たのみて。ありまする
にしさ（西を）むいてわ。おかみ（拝み）。
ひかしさ（東を）むいてわおかみ。しております。
きたさ（北を）むいてわ（は）おかみおります。
みなみた（南を）むいてわ（は）おかんて（拝んで）おりまする。
ついたち（一日）にわしをたち（塩絶ち）をしております。
ゐ少さま（栄晶様＝修験道の僧侶の名前）に。ついたちにわ（は）
おかんてもろておりまする。
なにお（を）わすれても。これわすれません。

さしん（写真）お（を）みるト。いただいておりまする。（神様に捧げる）
はやくきてくたされ。いつくるトおせて（教えて）くたされ。
これのへんちち（返事を）まちてをりまする。
ねてもねむられません

この手紙は、失われることなく今も残っている。シカは何度も何度も思い悩みつつ、この手紙をしたためたのだった。シカが投函したこの手紙には一九一二年一月二十三日の郵便局消印が押されている。

英世はこの手紙を、カナダの首都オタワでの講演をすませて帰ってきた後に受け取っている。まさかの、母からの直筆の手紙だった。

読み進めるうちに涙が溢れ、一気には読めなくなってしまった。自分はどこまで親不孝者なのか。研究に没頭するあまり、もっとも足元であるはずの母の気持ちをないがしろにしてきたのではないだろうか。世界の人を救う仕事も大事だけれど、もっとも身近な人の苦しみひとつ拭いされないようでは、医者としては失格だ。気丈な母がここまで書くのは、よほどのことであるに違いない。

手紙を抱きしめながら、英世は泣き崩れ、心から非礼を詫びるのだった。

英世は、自身の状況を懇切丁寧に手紙に書き、明くる年の帰国を約束するのだった。当時、英世はロックフェラー研究所の準正員で部長待遇。年俸は四千ドル。当時の一ドルを約二円に換算すると八千円の年俸となり、日本の大臣給与に匹敵するほどだった。

けれども、実は英世はこの給金の多くを研究費につぎ込み、あいかわらず粗末な服装のままで過ごし、貯蓄という概念ももってはいなかった。英世は、あらためて日本へ帰る費用の工面からはじめることになったのだ。

このままではいけないと、これまで独身でいた英世は、三十七歳のとき、メリー・タージスと結婚し、身を固めることで家族を安心させることにした。行きつけの店で知りあったという彼女はアイルランド系アメリカ人で、二十八歳だった。英世は、一九一二年四月、ニューヨーク対岸のジャージー・シティで質素に式をあげ、日本の家族のためにもしっかり働こうと決意を新たにするのだった。

帰国

一九一三年を迎えても、野口英世は多忙を極めていた。出来るだけ早く帰国したいと思っていても、この年の九月に万国医学総会があり、ここで英世は特別講演をすることになっていた。ニューヨークから大西洋を渡り、フランスへ。九月二十二、二十三日にウィーンでのドイツ自然科学および医科大会にも出席し、四千名にも及ぶ世界の科学者の前で、英世は黴毒病原体の純粋培養、麻痺狂と黴毒病原体、狂犬病病原体の培養成果について発表をおこなった。

ヨーロッパ各国を講演旅行し、十一月十日のアメリカへの帰国までに各国政府や王室から勲章を授与された。地元新聞にも取り上げられ、世界的に偉大な科学者としての評価をほしいままにした。こうした記事は、日本にも伝わり、報道で知った村長がシカのもとを羽織袴の礼服でお祝いに訪れたりもした。

英世は母を気づかい、フランスなど各地から手紙を送ることを怠らなかった。

ヨーロッパにおける英世の大成功はアメリカ国内でも伝えられ、一九一四（大正三）年七月にはロックフェラー研究所の最高待遇であるメンバー（正員）に推挙された。

ときに英世は三十九歳。他の正員は六名で、すべて五十代以上の人たちだった。年棒は五千ドル。日本円で一万円だった。

同じ年の七月十八日には血脇守之助が前年に東京帝国大学（東京大学）に提出しておいてくれた「スピロヘータ」に関する論文によって、理学博士の学位も授与された。三年前の京都大学医学博士とともに、今度は理学博士としての地位が確立したのだった。

そして、一九一五年四月、帝国学士院（現在の日本学士院）は、英世の世界的な活躍を認め、第五回恩賜賞を授与することを決定した。けれども、この受賞式に出席できないほど英世は多忙だったために、代理として血脇守之助がこれを受け、恩賜賞と賞金一千円は、英世の依頼により、小林栄のもとにもたらされたのだった。

賞を下賜されることに、シカは歓喜に震える想いだった。すぐに神社や中田観音さまに報告とお礼にあがった。

シカと小林は賞金の活用方法について、相談した。

借金取りはこの機会を逃さずに押しかけた。シカとしては、賜った賞金を借金の返済にあててしまって申し訳が立たない。借りたものは必ず返すつもりのシカは、誠心誠意、借金返済についてては英世と相談をするからと理解を乞い、賞金の使用方法を小林たちとともに相談していた。

英世の意見も取り入れ、賞金の一部は村の公共施設のために使い、鎮守の八幡神社や、菩提寺である長照寺にも寄進をおこなった。さらには地元の高齢者や学童にも記念品を贈り、歓びを分かち合った。

残ったうちの一部をシカは、ご先祖さまからの田畑の一部でも買い戻す費用に使いたいと考えていた。これには英世も大賛成してくれた。

この思いが周囲に伝わると、小檜山久蔵というこの地域の篤志家が田畑の提供を申し出てくれた。相場の三分の一の値段でいいという。天からの恵みのように与えられたこの田に、小林は「恩賜田」という名前をつけたのだった。

シカは十俵でも収穫できる田があれば、と思っていたものの、その四倍もの米が実ることが見込める一町二反の田だった。この田からは毎年四十俵以上が収穫されていた。この知らせを英世もほんとうに歓んだ。小作ではなく、自らが耕した田の米を食べることのできる幸せとありがたさは、長年働きに働き続けたシカには痛いほどよく理解できた。


「一目でも息子の顔を見たい。この先いつまで生きられるかわからないから」——そう願うシカの思いを汲んで、友人や知人は英世に帰国を促す手紙を書き綴った。英世の旧友の高山歯科学院時代の同僚石塚三郎もその一人だ。石塚は写真撮影を趣味としていた。猪苗代湖周辺での写真撮影をしていた際、愛用のカメラで英世の母の写真を撮って、送ることにした。

そのとき、石塚は実際にシカとあってみてショックを受けた。これがあの世界的大科学者の母なのかと思うほどに、つぎはぎだらけの服装、破れたモンペ姿だったのだ。わが子と離れて十五年、頬はやつれ白髪となり疲れ果てたシカの姿は、彼女の生活の実状を物語っていた。石塚は、しかし、ありのままの母の姿を捉えた写真を英世のもとに送ることにしたのだった。

彼は郷里の風景写真なども加えて、アメリカに送った。一九一五（大正四）年五月十五日のことだ。

手紙には母の状況も踏まえて書かれた、自作の漢詩も添えられていた。

三城春老柳花翻
杜宇声々月有痕
千里憶君労遠夢
母旦暮椅閭門

「三城春老いて柳花翻《ひるがえ》る」「杜宇声々月に痕有り」「千里憶う君が遠夢を労するを」「母は旦暮閭門に椅る」――母の状況を伝えた石塚の詩だ。手紙の本文には「磐嶺の紅葉、湖上の白雲、君の錦衣帰国を待つや切なり、請う躊躇するなからんことを、終に臨み一絶を賦して御座右に呈す」という言葉も綴られていた。

この写真と詩は、英世の心を揺さぶった。母がこんなにもやつれてしまったのかと思った英世はいてもたってもいられず、すぐに予定を変更して、帰国の準備に取りかかったのだった。

「あなたあっての英世でございます。幼いころからのご恩は決して忘れておりません。今こそ、あなたのもとへ戻ります」

本来ならば妻のメリーも連れて戻りたかったものの、急な帰国でそれはかなわず、まず英世は単身帰国をすることにした。
これは、一九一五（大正四）年七月二十日に英世が石塚宛に書いた手紙の中の漢詩だ。

身似孤鴻千里翻
自憐遊跡不留痕
分明昨夜還家夢
故旧歓迎母待門

「身は似たり孤鴻の千里を翻るを」「自ら憐む遊跡の痕を留めざるを」「分明昨夜家に還るの夢」「故旧歓迎母門に待つ」――石塚の手紙と詩を踏まえ、英世はこの漢詩を送った。
かつて、二十代前半に「まておのれ咲かで散りなば何が梅」という俳句を作り、五十歳のときには、小林栄からの年賀状に際し、英世は、

とる年の玉の数増す増す毎に光りいや増す父の白髪

という短歌も詠んでいる。

英世はこの手紙を石塚に送り、八月二十日のシアトル港発の船で帰国する旨を伝えた。手紙によれば、横浜には九月五日に着くと告げられていた。これを聞いたシカは、飛び上がるように歓んだ。

遂に遂に、息子に会うことができる。

どんなことよりも嬉しい出来事だった。シカはすぐに観音さまに報告し、今しばらくの自身の健康を願った。

「もし一目でも息子の無事な姿を見ることができ、元気な声を聞けたら、それだけで思い残すことはございません、親子をどうぞ引き続きお見守りください」との思いで、観音さまに手を合わせるのだった。

そして、その日はいよいよ一か月後に来ようとしていた。

一九一五年九月五日、英世はほんとうにシカのもとに戻ってきた。息子の成功を祈って、旅立つその背を見送ってから十五年もの年月が流れている。

たった一人で船で旅立ったあの日とは違い、横浜埠頭には小林栄や血脇守之助をはじめ、各界の人たちが英世を迎えようとしていた。新聞記者の数も多かった。

信じられないほどの大群衆が埋めつくした埠頭を船の上から英世は見つめていた。けれども、真っ先に探したのは母の姿だった。

ほんとうは英世のもとへ真っ先に駆けつけたかったシカは、はやる気持ちを抑え、とにかく控えめに振る舞うようにしていた。歓迎のための表向きのいっさいのことを小林に任せていたシカは、自身の思いは手紙で綴ったのだった。

到着後、各方面へのあいさつ回りのために帝国ホテルに宿泊していた英世は、九月八日にやっと郷里へと向かうことができた。この間、シカは静かにわが家で息子の到着を待っていたのだった。

成功した英世の立ち振る舞いが少しでも人々の反感を買うようなものであってはならない。外国で十五年にもわたって暮らした英世と農村の人々との考えかたには違いがあるかもしれないから、決して外国かぶれの傲慢な者になるなかれ、と、シカは注意すべきこととして手紙にしたためたのだった。

列車の中で、母の手紙を読んだ英世はシカの言葉をしっかり心に刻んだ。

シカが記した手紙はこんな内容だった。

部落の一戸一戸に、この十五年もその前もお世話になっていることを絶対に忘れてはならない。自分一人で今日の地位を得ているわけではない。恩知らずのそしりを受けぬよう、謙虚に立ち振る舞うこと。よくよく注意をして、決して奢ることのないように――。

さらにシカはお礼廻りの順番も書き記していた。

最初に鎮守の八幡神社に参拝。その後、部落の三十一戸を道順にそって一戸一戸訪問し、丁寧に世話になったお礼と帰国の挨拶をすること。次に菩提寺に引き返し、観音さまに参詣したあとはご先祖さまの墓に報告をする。それらが終わった後に、最後にわが家に入ること――。

英世は「まさにそうだ」と思って、母に感謝し、この母の手紙の内容をすべて実践したのだった。


村では英世が乗った列車が翁島駅に到着すると、花火が打ちあがり、全村から集まった四百名もの人々から歓喜のどよめきが湧き起こった。

英世は、この町の宝であると同時に、日本や世界の宝でもあった。

英世が降り立つと、万歳の声があがる。駅前には大きな歓迎のアーチが掲げられていた。その大勢の人々の前で、母の手紙にしたがって、英世は最初に鎮守の八幡神社に参拝をし、その後、部落三十一戸を一戸一戸訪問し、丁寧にこれまでお世話になったお礼と帰国の挨拶をしたのだった。

これを目の当たりにした人々から、少しの奢りもない態度に驚嘆と称賛の声が上がった。世界的に高名な学者がここまで謙虚な立ち振る舞いをすることに多くの人々は驚嘆した。

英世は菩提寺に引き返し、観音さまに参詣したあと、先祖のお墓に深々と頭を下げ、報告をしたのだった。

世界じゅうの著名な学者のどれほどの人がここまでのことができるだろう。それを導いた母の思いと心。

一連の挨拶が終わった後に、英世はわが家に戻ったのだった。

そこで母が自身を迎えてくれた。

かつて、命すら落としかねなかったあの日に、必死の思いで助けてくれた母。手が悪かった自分を必死に守り、支え続けてくれた母。

自分のために、今日まで母はどれほど働いてくれたのか。どれほどの思いで導き、支えてくれたのか。

久しぶりにその顔を見たら、英世の眼にもシカの眼にも一瞬にして涙が溢れ出るのだった。目の前に息子がいる。ただそれだけで、シカは嬉しくてたまらなかった。どんなに社会的な地位があろうが、そんなことは問題ではなく、目の前に息子が元気な姿でいることが嬉しかった。

「ただ今、無事に帰りました。お達者のご様子で何よりでございます」

「清作、よくやった、よくやった」

息子にとっては、この母の笑顔が、どの国のどんな勲章よりも嬉しいものだった。

写真で見たときには貧苦でどれほどの状態なのかと思っていた母の様子は、息子に会えた嬉しさもあってか、想像以上に元気そうに見えたのが英世にも嬉しかった。

今、暮らしているこの家は、小林栄が隣家を三百円で買い取ってくれたものだという。ほんとうにありがたい。生まれ育った家は大部分が朽ち果てるままとなっていたものを、修理して、馬屋として活用されていた。

周囲が母を支え続けてくれた。この故郷の大地が家族を育み続けてくれていることのありがたさ。「自分はこの場所で学び育ったのだ。ここが自分の故郷であり、ルーツだ」。

英世にはこの土地がたまらなくいとおしかった。

柱には、あの日刻んだ「志を得ざれば、再び、此地を踏まず」という十四文字もまだ刻まれていた。今、大志を得て、英世は久しぶりに生家のある場所へ戻って来たのだ。

周囲を見渡せば、父も母も姉も姉の婿も子どもたちも、皆が集まっていた。父母はもちろん、この姉がいてくれたからこそ自分もいる。その姉に子どもがいることが嬉しかった。

自分もおじさんとなったのだ。英世は姉の子を抱き上げた。皆で再会を歓ぶことができたのが幸せだった。

そして、その日の夜から、さっそく英世の歓迎会がさまざまな場で開かれることになった。とてもありがたいことではあるものの、母子がゆっくりと時間を過ごすには程遠い状況だった。

それでも、英世は母の思いを汲み、まずは借金の問題を解決して、家族の憂いを取り除こうとした。母は英世が見慣れた二十年前の着物を今も着続けている。これまでの母の生活を思うといたたまれなかった。

さっそく債権者と折衝し、借金は今後、月賦で英世が毎月返金することを約束した。住居に関しては、先祖以来のものである旧家屋の担保は抜いてもらい、今一度、修復することにした。

さらには姉の婿には北海道の移住を思いとどまらせ、母を援《たす》けてもらうようにした。すべては年老いていく母を安心させるための対策だった。

英世の行動に心から感謝をしながら、シカは二つの場所を英世とともにぜひ訪問したいと思っていた。

ひとつ目は、中田観音だ。往復半日はかかるような場所のため、英世の滞在日程を考えると、シカはとても言い出せずにいた。各地での講演会や招待歓迎会、近隣の自治体からの招聘や小学校の同窓会まで、英世は各方面から「ぜひ来てください」と求められていた。これまでの野口家を助けてくれたことへの感謝の気持ちからも、英世はでき得る限り出席しようと努めてきた。講演会から夜遅く戻ってきても、母が夜なべ仕事をしているのを見て、英世は心苦しさえ感じていた。

英世は母の願いはぜひかなえたいと思っていたため、何とか母と中田観音にお参りをしたいと思っていた。予定を見れば、ちょうど九月十五日には若松市の医師会で講演をすることになっている。この日の早朝に家を出てお参りすれば、午後と夜の講演には間に合うだろう。シカに伝えるととても歓び、小林も同席してくれることとなった。もしも英世が今回の帰国で訪問できなければ、シカは自分が二度お参りをしようと考えていたのだった。

ところがこの日の朝、そんな事情を知らない石塚が長岡から英世のもとにやってきた。シカの写真を撮って、漢詩付きの手紙とともにアメリカまで送り、英世の帰国を促してくれた旧友だ。積もる話もあるだろうことを推察して、シカは、「今回は私一人でおまえの分もお参りさせていただくよ」と、英世に伝えたのだった。

ところが、事情を察した石塚は納得しなかった。

「ぜひ私も一緒に観音さまにお参りにあがらせてください。私も親友の成功のお礼をさせていただきたい」と語ったのだった。

シカはそんな石塚の気づかいに歓び、四人は畔道を人力車で中田観音まで向かうことにした。毎年毎年、お札を海外まで送り続けてきたシカだ。どんなに遠くとも、ぜひ一緒に英世と訪問したいと思い、それが実現できたことがとにかく嬉しかった。どこからか噂を聞きつけた人たちも観音さまのもとに集まっていた。

「観音さまのおかげさまをもちまして、こうして英世が無事に帰国することができました。私の命もここまで長らえましたことに心からお礼申し上げます。願わくば、これから先、英世がさらに世の中のために立派な仕事をさせていただけますよう、どうぞくれぐれもよろしくお願い致します」

立って手を合わせる英世の隣でシカは跪《ひざまず》き、額をつけながら一生懸命、観音さまに祈りを捧げるのだった。

小林栄も英世の活躍を歓び、ともに感謝のお参りをした。こうした、まごころのこもった祈りを目の当たりにした石塚は、何枚も何枚もシカと英世、そして小林の写真を撮った。このような人たちがいてくれたからこそ、英世が今日まで育まれてきたことを石塚も実感していた。

鳴き響《とよ》む虫の音が、ことさら響き渡る一日だった。会津には、もうまもなく錦秋が訪れようとしていた。

もうひとつ、シカが英世とともにぜひとも訪れたかった場所があった。それが、恩賜田だ。

一町二反の田は、今、すばらしい稲穂を風に靡かせている。この田があるから、今を生き、未来を育んでいくことができる。シカにとっては、子々孫々に遺し継がせていきたい何よりもの宝物だった。

「ほんとうにすばらしい田だ」

英世も一目見て、唸った。

「夢のようでほんとうにありがたい」

シカは英世が贈ってくれたこの恩賜田のありがたみをあらためて噛みしめていた。さらには人々に恵みをもたらすこの天地《あめつち》にも、心から感謝をしていた。

「残っている借金は、産婆の仕事で稼ぐから心配しなくていい」と語るシカに、

「お母さんはもうこれ以上無理をしなくていいですよ。これからは私に面倒をみさせてください」

英世はずっと思い続けていた言葉を口にした。母はもう、十分すぎるほどに働いてくれたのだ。これからは自分が母を支え、労り続けていく番だ。ここから先の母の人生には嬉しいことだけがたくさんあってほしい。歓びの収穫祭のような毎日を過ごしてほしいと、英世は願っていた。母の頬を染めあげている夕陽にそう願った英世は、カバンから一枚の写真を抜き出し、母に見せた。それは妻のメリーの写真だった。

「かわいい顔だなあ」

シカは思わず口にした。

「メリーには、日本人に似た気立てのよさがあります。今度は一緒に帰国します。お母さんにもぜひメリーを紹介したいと思います」

ほんのわずかだがこみ上げてくる、言いようのないさみしさを感じつつも、シカは英世の再びの帰国を待ち望んだ。「今度」というときがずいぶん先のようにも思えて、シカは英世の顔をもう一度しっかりと見つめた。

同じ田を並んで見つめていると、さまざまなことが思い出された。

幼かったころ。愛するわが子を「テンボー」とよばれる状況にしてしまった日。周囲の支えもあって学校へ入れてもらえた朝。重たい荷物を背負ってきた母を、英世はいつも迎えに来てくれていた。ともに歩いた道に咲く草花にどれほど心を潤されてきたことか。並んで見た躑躅の色まで、シカは今もしっかりと覚えていた。

あれからずいぶん経ったようにも思えるけれど、磐梯山は変わらずに見護ってくれている。残された日々もこれからも精いっぱい生きて、今度は英世の選んだ妻を、そして、天から授けていただけるかもしれない子どもの誕生の知らせを楽しみに待つとしよう。

その時まで、絶対に元気でいなくては。

わずか十日ほどの帰省だったけれど、シカにはかけがえのない贈りもののような時間だった。この時間の嬉しさが大きいほど、再びの別れがさみしくなってしまうように思えて、シカはそっと天を仰いだ。

そんな母のわずかな心の動きを英世は見落とさなかった。

野口家の九月があわただしく過ぎ、十月も二日を迎えたころ、英世は母と小林夫妻、さらには血脇守之助を東京に呼び寄せた。東京のみならず、全国各地を母たちとともに廻《めぐ》りたいと英世は願っていたのだった。

会津や磐梯山のふもとから出たことのないシカにとって、全国を廻るなどということは、夢にすら想像したことのないような出来事だった。けれども、少しでも息子と一緒にいたい気持ちがあるから、嬉しさがそれにまさった。

小林夫妻も「ぜひ行きましょう」とシカの背中を後押ししてくれたため、シカは思いきって初めて、会津から離れて旅に出ることにしたのだった。それが冒頭で述べた、伊勢や関西等への旅だった。

今も語り継がれている親孝行を尽くした英世の旅。シカにとって、生涯忘れることのできないすばらしい旅だった。

英世は知っていた、どこまでいっても母あっての自分なのだということを。

基礎となる土壌があってこそ、米も野菜も育つことができる。母をはじめとした貴い「土」

に恵まれたからこそ、自分は滋養いっぱいに育っていくことができたのだ。母のうしろ姿がもたらしてくれたものがどれほど巨きく、偉大だったのかということを、英世は実感していた。

母は磐梯山に似ていた。

いつの日も、そこで見守ってくれている。

穣《ゆた》かで遥かなものをもたらし続けてくれたのが、母なのだった。

その母のために、英世はこれからもさらにどんな労力も厭わず、尽くしていこうと決意していた。

世界のどこにいても、母たちにあしあとで手紙を綴るように、意義ある精いっぱいの歩みをしていこう。天地に恥じない生きかたをどこまでもしてゆくのだ。それが何よりもの尊さを教えてくれた郷里の人々への恩返しだと英世は思っていた。

この旅は、そんなふうに考えた子から母へ贈る感謝状だった。

エピローグ

シカの最期

英世が再びアメリカへと戻っていったのは、一九一五（大正四）年十一月四日だ。十月三十一日には石井菊次郎外務大臣からの招待を受け、天長節祝日の夜会にも出席した。出帆前日の十一月三日には大隈重信総理大臣とも会った。

十五年前とは違って多くの人々に見守られ、十二時三十分、東京駅発の列車で英世は横浜に向かった。六十日間の滞在を終え、多くの人々と再会することができた。新たな出会いもあった。

再び帰国するときには妻子とともに、と思いながら、英世は横浜港から佐渡丸に乗って、海を越えたのだった。

別れ際、シカは英世に心からお礼の気持ちを述べた。

「一生忘れることのできないすばらしい旅をどうもありがとう。これからも身体に気をつけておくれ。今度はぜひお嫁さんを連れて来てくれ。その日が来るのを、私は楽しみに待っているから」

旅立つ息子の心残りとならぬよう、シカは努めて笑顔で、背筋を凜と伸ばして息子を見送った。次に会う日がいつになるのかわからない。老境に入った身では、いつまで生きられるという保障もない。それでも、息子には大切な役割があることを母は理解していた。世界じゅうの困っている人たちのために、息子の研究が役に立つのなら、それはとてもありがたいことだ。

努力を惜しまない、優しい息子だからこそやり遂げられることもあるだろう。

空はつながっている。同じお天道さまが息子を照らしてくれている。仰げば同じ月を見ることもできる。一生懸命に世の中のために尽くし続ける息子のために、母はこの場所から声援を送り続けようとしていた。

アメリカの英世から、日本滞在中に撮った写真が何枚も送られてきた。数十枚にも及ぶその写真を、シカはアルバムに貼って生涯大事にした。

ときどき、その写真を眺めた。人々のために息子も尽力している。自分もこの地で励もう――柱に彫った十四文字の息子の言葉「志を得ざれば、再び、此地を踏まず」の文字をシカはあらためて眺めていた。

一九一七（大正六）年、英世は腸チフスになり、重態になったという知らせを日本の新聞は一斉に報道した。知らせを聞き、シカは気が気でなく、息子とともに祈ったあの中田観音に急いで詣でた。とにかく夜を徹して、シカは息子の容態がよくなることを願い続けた。

「どうぞ英世の一命を、わが命に換えてでもお護りくださいませ。お願い申し上げます、お願い申し上げます」

必死の祈りだった。村では、地元の人々が連日連夜鎮守の八幡神社に集い、英世の快癒を願い続けていた。一時は危篤の知らせもあったが、英世はついに回復した。自ら郷里に連絡ができるほどに回復したのだった。

その後、英世はしばらく静養した後、南米エクアドル政府の招きでエクアドルへと向かった。翌一九一八年六月のことだ。当時、現地で猛威をふるっていた伝染病「黄熱病」の予防と研究のためだった。必要としてくれる場があれば、世界のどこへでも駆けつけて、とことん力を注ぐのが英世の生きかただ。

そんな息子の回復を歓んだシカは、相変わらず産婆の仕事に精を出していた。「観音さま、そして世間さまのおかげで今日も無事に過ごせております。子どもの成功も、再び田を買うことができたのも、すべてみなさまのおかげさまです。これからも働き、他人様のお役に立ちたく存じております」

そんな心持ちでいつも仕事をしているシカは、「おシカおばあさん」と呼ばれて敬愛されていた。会津女性の鑑であり、誇りのような人だった。

逆境を常に自自身の努力で乗り越え、他者のために尽くす労を厭わない、誠実で正直な生きかた。どんなときにも感謝の心を持ち続けた女性だった。

産婆という命を取り扱うとても大事な仕事に、心を込めて尽くし、親身になって働いた。英世がエクアドルに向かった年の秋、世界的に流行していたスペイン風邪が日本にも流行していた。これまでほとんど病気らしい病気をしたことのなかったシカも、寒さの厳しい中、仕事を続けているうちに感染してしまった。いつもなら、生姜や橙の実の汁を熱湯に混ぜて服用したら、すぐによくなる。

けれども、今回はなかなかよくならず、ついに高熱のために、起き上がれなくなってしまった。家族が医師を迎えたときにはすでに肺炎になりそうな兆候があらわれはじめていた。

知らせを受け、小林栄もすぐに駆け付けた。

英世と縁のあった医者たちや、シカがお世話になった向かいの二瓶蓮三郎をはじめ、地元の人々も心配してでき得る限りの介護に努め、力になろうとしてくれた。

危篤に陥ってからも、シカは産婆の仕事をする手振りをし、周囲を驚かせた。

そのころ、英世は死亡率八割といわれる黄熱病の研究を続けていた。エクアドル政府は英世の仕事ぶりに感謝をし、帰国前には首都のグアヤキル市のオルカド劇場で盛大な謝恩会を催し、英世が研究に従事した病院に英世の銅像まで建立した。それだけでなく、街の名前も英世にちなんで「ノグチ街」と改めた。

これらのことを新聞報道で知ったシカは病床で嬉しそうだった。

「観音さま、ありがとうございます。ありがとうございます」

シカは病床でも感謝し続けた。シカは人生で何度、この心からの「ありがとうございます」を口にしたことだろう。

やがて、一九一八（大正七）年十一月十日午前四時、シカは多くの人々に見守られ、感謝されながら、その一生を静かに閉じたのだった。

数え年六十七歳。働きに働き、尽くしに尽くし続けた人生だった。

訃報は十一月十四日、ニューヨークに戻ったばかりの英世のもとにも伝えられ、英世は異国の地で、母の魂に手を合わせ、天を仰いだ。

法名は、真賢院産恵精安清大姉。

「産」という文字も、「恵」という文字も、「清」という文字も入っている、まさにシカらしい名前だった。

帰国した際、シカと英世の旅に同行し、英世の恩父でもあった小林栄は、

外《と》つ国の愛子の功うちききて笑顔の中に世を終りぬる

という挽歌を詠み、その母の死の状況を英世に伝えたのだった。

野口英世は世界の宝だ。そして、野口シカも、英世に負けないくらい宝だ。その一生を、これからも語り継いでいきたい。

参考文献

『野口英世の母』宮瀬睦夫（淡山書房）
『野口シカ物語』船木武雄（医風館）
『まんが野口英世の母　シカ物語』（財団法人野口英世記念会　野口英世記念館）
『ノグチの母　野口英世物語』（小学館）
『野口英世の思い出』小林栄（岩波書店）
『人間・野口英世』秋元寿恩夫（偕成社）
『野口英世』中井久夫（星和書店）
『人類の恩人野口英世博士』血脇守之助（東京歯科医学専門学校編）
『野口英世とその母』（財団法人野口英世記念会）
『姉の語る野口英世の生立』沼田史雄（財団法人野口英世記念会）

著者略歴
一九七〇年静岡県生まれ。

慶應義塾大学総合政策学部卒。

大学一年在学中に「キャラメル」で第36回角川短歌賞。

二〇〇一年国連WAFUNIF親善大使に就任。

二〇一二年以降NHK中部地方番組審議会委員を務めるなど、ラジオ・テレビでも活躍。

著書に『天地（あめつち）のたから』（角川学芸出版）、『地球では1秒間にサッカー場1面分の緑が消えている』（マガジンハウス）、『世界で1000年生きている言葉』（PHP研究所）など多数。

野口英世の母シカ

二〇一四年三月一〇日 印刷
二〇一四年四月 五 日 発行

著者 © 田《た》中《なか》章《あき》義《よし》
発行者 及川直志
印刷所 株式会社理想社
発行所 株式会社白水社
東京都千代田区神田小川町三の二四
電話 営業部〇三(三二九一)七八一一
編集部〇三(三二九一)七八二一
振替 〇〇一九〇―五―三三二二八
郵便番号一〇一―〇〇五二
http://www.hakusuisha.co.jp
乱丁・落丁本は、送料小社負担にてお取り替えいたします。

株式会社松岳社

ISBN 978-4-560-08349-9

Printed in Japan

白水社

母ふたり

窪島誠一郎

ある日始まった実の父母を捜す執念の旅。自分を捨てた父・水上勉と奇妙なバランスで成立した親子関係の一方、決して許すことを選ばなかった二人の母の生涯をたどる、壮絶な家族物語。

父 水上勉

窪島誠一郎

劇的な父子の再会を経て数十年、戦没画家の作品展示で知られる「無言館」館主が、一所不在の放浪生活を貫き、数々の名作を残した父の生涯を、血縁という不思議な糸を絡ませて描く。

わが父 波郷

石田修大

父は昭和俳壇の巨星。息子は駆け出しの新聞記者。父の死亡記事を息子が書くという不思議な運命を胸に、数々の名句が生まれた背景と秘密を、静かに、くっきりと浮かび上がらせる。［白水Uブックス］

周五郎伝 虚空巡礼

齋藤愼爾

六〇年安保に前後する時代背景のなかで、『青べか物語』などの最高傑作の数々を読み解き、大衆の原像ともいうべき人物像を追いながら、汗牛充棟の周五郎への論評に新たな楔を打ち込む。

藤沢周平伝

笹沢信

直木賞受賞作「暗殺の年輪」をはじめ数々の名作を発表し続け、いまなお読者の心を惹きつけて止まない人気作家の生涯を、郷里・山形からのまなざしで描いた力作評伝。